에센스 이화 한국어

에센스 이화 한국어 2B

지은이 이화여자대학교 언어교육원

펴낸날 1판 1쇄 2017년 1월 20일
2쇄 2019년 9월 20일

펴낸이 김헌민 **펴낸곳** 이화여자대학교출판문화원
주소 서울특별시 서대문구 이화여대길 52(우 03760) **등록** 1954년 7월 6일 제9-61호
전화 02) 3277-2965(편집), 02) 362-6076(마케팅)
팩스 02) 312-4312 **전자우편** press@ewha.ac.kr **홈페이지** www.ewhapress.com
책임편집 민지영 **디자인** design **Vita**, 김리영, 정혜진 **일러스트** 이지영 **인쇄** (주)현문자현

ISBN 979-11-5890-200-1 18710
978-89-7300-875-9 (세트)
값 13,000원

* 사진 촬영에 협조해 주신 Van Den Peereboom Gilles E. M., Qiao Shanshan, Biernath Anne Madlen, Suzuki Makiko, Ishizawa Shinji, Saygi Kemal 씨, 이화여자대학교 언어교육원 학생들과 이화여자대학교 학생들에게 감사를 드립니다.
* 잘못된 책은 구입처에서 바꾸어 드립니다.

이 도서의 국립중앙도서관 출판예정도서목록(CIP)은 서지정보유통지원시스템 홈페이지(http://seoji.nl.go.kr)와 국가자료공동목록시스템(http://www.nl.go.kr/kolisnet)에서 이용하실 수 있습니다. (CIP제어번호 : CIP2017000290)

본 교재의 듣기 자료는 MP3 파일로 되어 있으며 이화여자대학교출판문화원 홈페이지(www.ewhapress.com) 자료실에서 무료로 내려받을 수 있습니다.

ESSENCE EWHA KOREAN

이화여자대학교 언어교육원 지음
Ewha Womans University
Ewha Language Center

에센스 이화 한국어

2B

EPRESS

책을 펴내면서

이화여자대학교 언어교육원에서 2010년에 발간한 『이화 한국어(Ewha Korean)』는 지난 6여 년간 효율적이고 체계적인 학습으로 이끄는 한국어 교재로 인정받으며, 세계 각국에서 널리 사용되어 왔습니다. 그러나 이화여자대학교 언어교육원의 단기 과정과 같이 수업 시간이 길지 않은 과정에 적합한 교재가 필요하다는 생각으로 이화여자대학교 언어교육원에서는 『이화 한국어(Ewha Korean)』의 핵심 내용을 모아 담은 『에센스 이화 한국어(Essence Ewha Korean)』를 발간하게 되었습니다.

『에센스 이화 한국어(Essence Ewha Korean)』는 『이화 한국어(Ewha Korean)』의 필수적인 내용을 모아 1권과 2권의 내용을 총 6권으로 나누어 편집하였습니다. 『이화 한국어(Ewha Korean)』는 의사소통 중심의 교재로서 다양한 의사소통 상황 내에서 말하기 · 듣기 · 읽기 · 쓰기의 네 가지 언어 기능이 균형 있게 발전할 수 있도록 고안되었습니다. 『에센스 이화 한국어(Essence Ewha Korean)』도 『이화 한국어(Ewha Korean)』의 특징을 유지하며, 한국어를 처음 접하거나 학습 기간이 길지 않은 초급 학습자들이 한국어를 쉽고 재미있게 접할 수 있도록 구성하였습니다.

『에센스 이화 한국어(Essence Ewha Korean)』의 1A, 1B, 1C는 학습자의 요구와 편의를 고려하여 영어, 일본어, 중국어 간체와 번체로 번역을 넣어 4가지 버전으로 제작하였습니다. 반면 2A, 2B, 2C는 중급으로 가는 디딤돌의 역할을 할 수 있도록 번역 없이 한국어로 제작하였으며 문법 설명, 새 단어, 문화는 번역하여 부록으로 수록하였습니다. 앞으로 『에센스 이화 한국어(Essence Ewha Korean)』가 한국어 초급 학습자들의 한국어 실력을 향상시키는 데에 지름길이 되는 교재로 활용될 것이라고 기대합니다.

마지막으로 『에센스 이화 한국어(Essence Ewha Korean)』가 출간되기까지 이 책의 편집자들이 쏟은 열정과 노력에 대해서 깊은 감사를 드립니다. 또한 이 교재가 출판되는 데에 아낌없는 지원을 해 주신 이화여자대학교출판문화원에도 감사의 마음을 전합니다.

2017년 1월

이화여자대학교 언어교육원 원장

에센스 이화 한국어

차례

교재 구성표

단원	제목	내 용					
		Part 1		Part 2			
		준비합시다	어휘	들어 봅시다	말해 봅시다	읽고 써 봅시다	문화
1	외모와 옷차림	–고 있다 처럼 –(으)ㄴ/는/(으)ㄹ 게 아니라	색	인상착의를 설명하는 대화 듣기	친구 마중 부탁하기 표현 인상착의 설명하기	이상형에 대한 글 읽고 쓰기	관상
2	특별한 날	(이)나, 밖에 –(으)면서 –(으)ㄴ/는지 알다	설날 추석 명절	설날에 대한 정보 듣기	연휴 계획 세우기 표현 계획을 정하지 못했음을 말하기 어떤 일에 대한 기대를 표현하기	일기 읽고 쓰기	돌과 환갑
3	대중 교통	–다가 –자마자 대신(에)	교통	교통 방송 듣기	택배 기사에게 길 알려 주기 표현 목적지까지 가는 길 묻기	대중교통에 대한 비교의 글 읽고 쓰기	서울의 버스
4	우리 동네	아무나, 아무거나, 아무 데나 –거든요 –(으)ㄴ/는데	집 부동산 거래	부동산 소개소에서 집 구하는 대화 듣기	하숙집과 기숙사의 장단점 비교하기 표현 하숙집 기숙사 비교하여 질문하기 장단점이 모두 있음을 표현하기	인터넷 게시판의 동네 소개 글 읽고 쓰기	전세와 월세
5	예약과 예매	–(으)ㄹ까 하다 –는 대로 –잖아요	비행기에서 영화관에서	비행기 표 예약하는 대화 듣기	전화로 식당 예약 확인하기 표현 예약자 이름 묻고 답하기	예매에 얽힌 일화 읽고 쓰기	예약과 할인
6	안부와 소식	반말 아무도,아무것도, 아무 데도 –아/어지다	안부 연락 방법	모임 알리는 음성 메시지 듣기	옛 친구와 추억 말하기 표현 그리움 말하기	감사의 편지 읽고 쓰기	우체국 마크의 의미

교재 구성과 사용법

- 『에센스 이화 한국어 2B』는 1~6과로 구성되어 있습니다.
- 각 단원은 Part 1, 2로 구성되어 있습니다. Part 1은 문법, 어휘를 학습하는 부분이며 Part 2는 듣기, 말하기, 읽기, 쓰기, 문화를 학습하는 부분입니다.

단원 구성

단원 표지

사진 자료로 단원의 내용을 알 수 있도록 보여 줍니다.

단원의 학습 내용과 목표를 알려 줍니다.

Part 1

'준비합시다'와 '어휘'로 구성되어 있습니다. '준비합시다'에서 3개의 문법을 학습해 보고, '어휘'에서는 각 단원 주제에 맞는 기본 어휘들을 학습합니다.

문법을 학습하기 전에 학생이 문법의 쓰임과 의미에 대해 생각해 볼 수 있도록 간단한 질문을 제시했습니다.

상황이 있는 그림과 예문으로 문법이 언제, 어떻게 사용되는지를 알려 줍니다.

문법의 의미(쓰임)를 명확하게 알 수 있도록 설명을 제시했으며, 형태 정보를 도식화하여 간략하게 보여 주고 예를 제시했습니다.(N=명사, A=형용사, V=동사)

문법 연습을 말하기 활동으로 제시했습니다. 연습 방법을 알 수 있도록 <보기>를 제시했습니다.

단원 주제와 관련된 어휘들을 그림이나 사진과 함께 제시했습니다.

Part 2 '들어 봅시다', '말해 봅시다', '읽고 써 봅시다', 그리고 '문화'로 구성되어 있습니다.

듣기 전 단계에서 활용하는 상황 그림과 질문입니다. 들을 내용을 예측하고, 어휘나 표현을 확인하는 데 도움이 됩니다.

듣기 단계에서 활용할 이해 확인 문제입니다. 무엇에 중점을 두고 들어야 하는지를 안내해 줍니다.

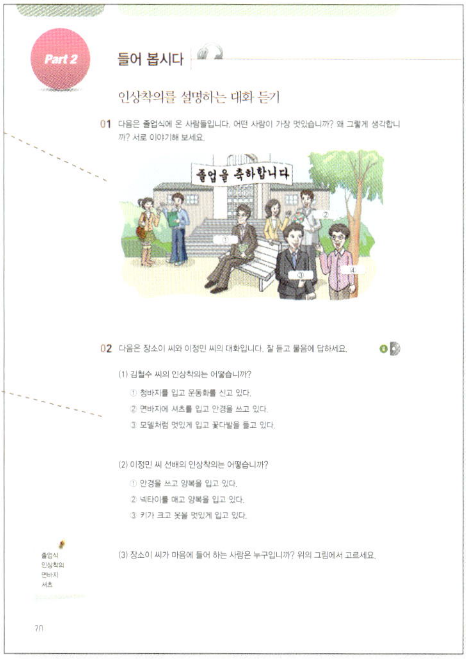
Part 2

들어 봅시다

인상착의를 설명하는 대화 듣기

01 다음은 졸업식에 온 사람들입니다. 어떤 사람이 가장 멋있습니까? 왜 그렇게 생각합니까? 서로 이야기해 보세요.

02 다음은 장소이 씨와 이정민 씨의 대화입니다. 잘 듣고 물음에 답하세요.

(1) 김철수 씨의 인상착의는 어떻습니까?
① 청바지를 입고 운동화를 신고 있다.
② 면바지에 셔츠를 입고 안경을 쓰고 있다.
③ 모델처럼 멋있게 입고 꽃다발을 들고 있다.

(2) 이정민 씨 선배의 인상착의는 어떻습니까?
① 안경을 쓰고 양복을 입고 있다.
② 넥타이를 매고 양복을 입고 있다.
③ 키가 크고 옷을 멋있게 입고 있다.

(3) 장소이 씨가 마음에 들어 하는 사람은 누구입니까? 위의 그림에서 고르세요.

졸업식
인상착의
면바지
셔츠

20

말하기 과제의 내용, 상황, 대화자의 역할을 그림과 설명으로 제시했습니다.

모범 대화문을 학습하기 전에 주어진 역할에 맞게 대화를 만들어 보는 연습입니다. 말풍선에 제시된 핵심어를 보면서 두 사람이 대화를 만들어 봅니다. Try it은 암기에 의존하지 않고 스스로 대화를 주도하면서 구성하는 능력을 길러 줍니다.

대화의 흐름과 주요 내용을 알려 주는 것으로 담화에 대한 이해력, 구성 능력을 길러 줍니다.

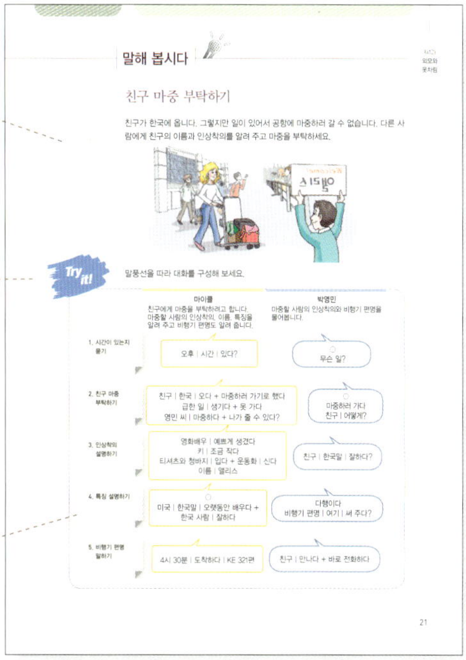
말해 봅시다

외모와 옷차림

친구 마중 부탁하기

친구가 한국에 옵니다. 그렇지만 일이 있어서 공항에 마중하러 갈 수 없습니다. 다른 사람에게 친구의 이름과 인상착의를 알려 주고 마중을 부탁하세요.

Try it! 말풍선을 따라 대화를 구성해 보세요.

	마이클 친구에게 마중을 부탁하려고 합니다. 마중할 사람의 인상착의, 이름, 특징을 알려 주고 비행기 편명도 알려 줍니다.	박영민 마중할 사람의 인상착의와 비행기 편명을 물어봅니다.
1. 시간이 있는지 묻기	오후 | 시간 | 있다?	무슨 일?
2. 친구 마중 부탁하기	친구 | 한국 | 오다 + 마중하러 가기로 했다 급한 일 | 생기다 + 못 가다 영민 씨 | 마중하다 + 나가 줄 수 있다?	마중하러 가다 친구 | 어떻게?
3. 인상착의 설명하기	영화배우 | 예쁘게 생겼다 키 | 조금 작다 티셔츠와 청바지 | 입다 + 운동화 | 신다 이름 | 엘리스	친구 | 한국말 | 잘하다?
4. 특징 설명하기	미국 | 한국말 | 오랫동안 배우다 + 한국 사람 | 잘하다	다행이다 비행기 편명 | 여기 | 써 주다?
5. 비행기 편명 말하기	4시 30분 | 도착하다 | KE 321편	친구 | 만나다 + 바로 전화하다

21

말하기 과제 수행에 필요한 기능 표현입니다. 살아 있는 표현들이므로 실생활에서 유용하게 사용할 수 있습니다.

모범 대화문입니다.

교실에서 사용할 수 있는 확장 연습을 제시했습니다. 상황에 맞게 변형하여 활용할 수 있습니다.

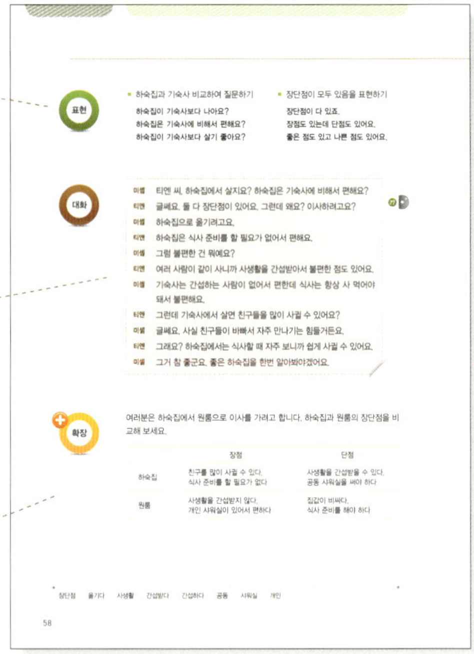

표현

- 하숙집과 기숙사 비교하여 질문하기
  하숙집이 기숙사보다 나아요?
  하숙집은 기숙사에 비해서 편해요?
  하숙집이 기숙사보다 살기 좋아요?
- 장단점이 모두 있음을 표현하기
  장단점이 다 있죠.
  장점도 있는데 단점도 있어요.
  좋은 점도 있고 나쁜 점도 있어요.

대화

미셸 티엔 씨, 하숙집에서 살지요? 하숙집은 기숙사에 비해서 편해요?
티엔 글쎄요. 둘 다 장단점이 있어요. 그런데 왜요? 이사하려고요?
미셸 하숙집으로 옮기려고요.
티엔 하숙집은 식사 준비를 할 필요가 없어서 편해요.
미셸 그럼 불편한 건 뭐예요?
티엔 여러 사람이 같이 사니까 사생활을 간섭받아서 불편한 점도 있어요.
미셸 기숙사는 간섭하는 사람이 없어서 편한데 식사는 항상 사 먹어야 돼서 불편해요.
티엔 그런데 기숙사에서 살면 친구들을 많이 사귈 수 있어요?
미셸 글쎄요. 사실 친구들이 바빠서 자주 만나기는 힘들거든요.
티엔 그래요? 하숙집에서는 식사할 때 자주 보니까 쉽게 사귈 수 있어요.
미셸 그거 참 좋군요. 좋은 하숙집을 한번 알아봐야겠어요.

확장

여러분은 하숙집에서 원룸으로 이사를 가려고 합니다. 하숙집과 원룸의 장단점을 비교해 보세요.

	장점	단점
하숙집	친구를 많이 사귈 수 있다. 식사 준비를 할 필요가 없다	사생활을 간섭받을 수 있다. 공동 샤워실을 써야 하다
원룸	사생활을 간섭받지 않다. 개인 샤워실이 있어서 편하다	집값이 비싸다. 식사 준비를 해야 하다

장단점 옮기다 사생활 간섭받다 간섭하다 공동 샤워실 개인

58

읽기 전 단계에서 활용하는 활동입니다. 주제와 관련된 정보를 얻고, 어휘나 표현을 확인하는 데 도움이 됩니다.

다양한 유형의 글을 읽기 자료로 제시했습니다.

읽고 써 봅시다

외모와 옷차림

이상형에 대한 글 읽고 쓰기

01 다음 사람 중 여러분의 이상형은 누구입니까? 왜 그 사람이 좋습니까?

02 다음은 미셸 씨가 자신의 이상형에 대해서 쓴 글입니다. 잘 읽고 물음에 답하세요.

내 이상형과 다른 사람

A 내 이상형은 키가 크고 영화배우처럼 잘생긴 사람이다. 나는 옷도 모델같이 멋있게 입는 사람이 좋다. 내가 패션에 관심이 많기 때문에 내 남자 친구도 패션에 관심이 많으면 좋겠다. 그리고 성격은 활발하고 친절해야 하지만 모든 여자들에게 친절한 것은 싫다. 나에게만 잘해 주는 그런 남자가 좋다. 사람들 모두 생각하는 것이 다르지만 나는 남자의 직업은 크게 상관없다. 다만 나와 자주 만날 수 있도록 시간을 여유롭게 쓸 수 있는 일을 하면 좋겠다. 내가 눈이 높은 걸까? 그래서 그런지 나는 아직까지 남자 친구가 없다.

B 왜냐하면 그 사람의 외모는 내가 원하는 이상형과 달랐기 때문이다. 그 사람은 키도 별로 크지 않았고 얼굴도 잘생기지 않았다. 또 그 사람은 얼굴에 어울리지 않는 노란색 셔츠를 입고 있었다. 그래서 그 사람에 대한 첫인상은 좋지 않았다.

C 그런데 어제 친구가 남자를 한 명 소개해 주었다. 소개하기 전에 내 친구는 그 사람에 대해서 "정말 멋있는 사람이에요."라고 말했다. 그래서 나는 기대를 많이 했다. 그렇지만 나는 그 사람을 보고 실망했다.

D 그런데 생각보다 그 사람과 말이 잘 통해서 즐겁게 이야기를 나눌 수 있었다. 또 그 사람은 아주 친절한 사람이었다. 역시 경험해 보지 않고 외모로만 사람을 판단하면 안 될 것 같다.

이상형
활발하다
상관없다
다만
여유롭다
눈이 높다
얼굴
첫인상
실망하다
말이 통하다
판단하다

23

읽기 단계에서 활용할 이해 확인 문제입니다.

읽기 학습을 쓰기로 연결한 활동입니다. 읽은 글과 유사한 종류의 글을 써 보는 연습입니다.

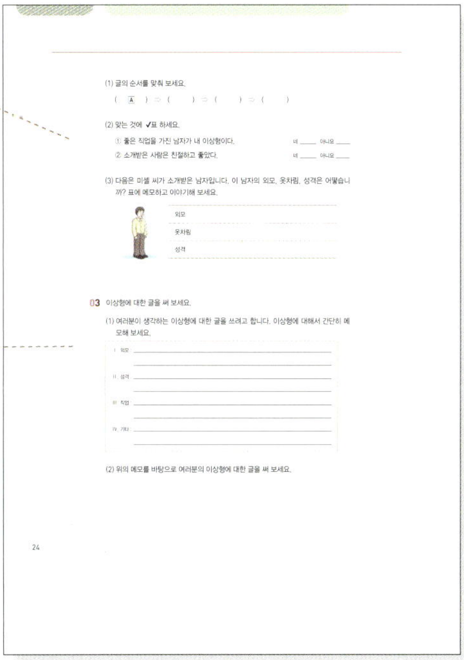

(1) 글의 순서를 맞춰 보세요.

(A) ⇒ ( ) ⇒ ( ) ⇒ ( )

(2) 맞는 것에 ✔표 하세요.

① 좋은 직업을 가진 남자가 내 이상형이다. 네 ___ 아니요 ___

② 소개받은 사람은 친절하고 좋았다. 네 ___ 아니요 ___

(3) 다음은 미셸 씨가 소개받은 남자입니다. 이 남자의 외모, 옷차림, 성격은 어떻습니까? 표에 메모하고 이야기해 보세요.

외모	
옷차림	
성격	

03 이상형에 대한 글을 써 보세요.

(1) 여러분이 생각하는 이상형에 대한 글을 쓰려고 합니다. 이상형에 대해서 간단히 메모해 보세요.

I. 외모 : ___

II. 성격 : ___

III. 직업 : ___

IV. 기타 : ___

(2) 위의 메모를 바탕으로 여러분의 이상형에 대한 글을 써 보세요.

24

단원 주제와 관련된 문화 내용을 한국어로 제시했으며, 사진이나 삽화를 함께 제시했습니다.

한국 문화에 대한 이해를 확인하는 질문과 문화상호주의적인 관점에서 자기 나라의 문화와 비교하여 생각해 보는 활동을 제시했습니다.

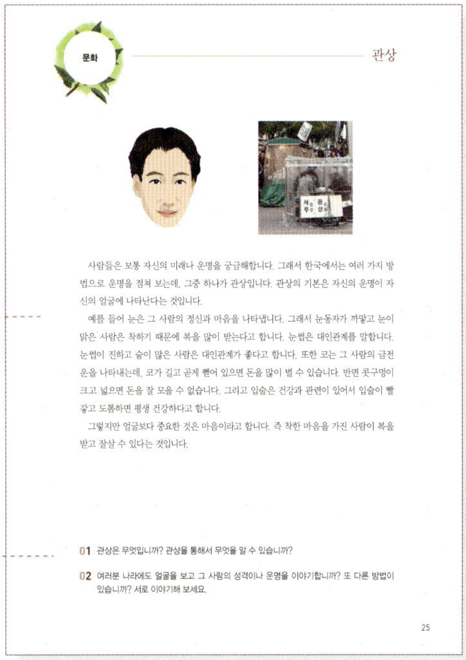

문화 관상

사람들은 보통 자신의 미래나 운명을 궁금해합니다. 그래서 한국에서는 여러 가지 방법으로 운명을 점쳐 보는데, 그중 하나가 관상입니다. 관상의 기본은 자신의 운명이 자신의 얼굴에 나타난다는 것입니다.

예를 들어 눈은 그 사람의 정신과 마음을 나타냅니다. 그래서 눈동자가 까맣고 눈이 밝은 사람은 착하기 때문에 복을 많이 받는다고 합니다. 눈썹은 대인관계를 말합니다. 눈썹이 진하고 숱이 많은 사람은 대인관계가 좋다고 합니다. 또한 코는 그 사람의 금전운을 나타내는데, 코가 길고 곧게 뻗어 있으면 돈을 많이 벌 수 있습니다. 반면 콧구멍이 크고 넓으면 돈을 잘 모을 수 없습니다. 그리고 입술은 건강과 관련이 있어서 입술이 빨갛고 도톰하면 평생 건강하다고 합니다.

그렇지만 얼굴보다 중요한 것은 마음이라고 합니다. 즉 착한 마음을 가진 사람이 복을 받고 잘살 수 있다는 것입니다.

01 관상은 무엇입니까? 관상을 통해서 무엇을 알 수 있습니까?

02 여러분 나라에도 얼굴을 보고 그 사람의 성격이나 운명을 이야기합니까? 또 다른 방법이 있습니까? 서로 이야기해 보세요.

25

제1과

외모와 옷차림

제1과 외모와 옷차림

Part 1	준비합시다 1	-고 있다
	준비합시다 2	처럼
	준비합시다 3	-(으)ㄴ/는/으(ㄹ) 게 아니라
	어휘	색

Part 2	들어 봅시다	인상착의를 설명하는 대화 듣기
	말해 봅시다	친구 마중 부탁하기
	읽고 써 봅시다	이상형에 대한 글 읽고 쓰기
	문화	관상

Part 1

준비합시다

01 -고 있다

모르는 사람과 만날 때 자신의 인상착의나 옷차림에 대해 어떻게 설명할까요?

A 미셸 씨, 무슨 옷을 입고 있어요?

B 저는 분홍색 원피스를 입고 있어요.

문법

V + 고 있다

'-고 있다'는 어떤 동작의 진행이 끝난 결과가 현재까지 지속되고 있는 상태임을 나타낼 때 사용한다. 주로 '입다, 신다, 쓰다' 등의 동사와 같이 사용한다.

자음 + 고 있다 예 입고 있다   모음 + 고 있다 예 쓰고 있다

연습

다음 사람들의 옷차림이 어떻습니까? '-고 있다'를 사용해서 말해 보세요.

A 티엔 씨는 무슨 옷을 입고 있어요?

B 티엔 씨는 티셔츠와 청바지를 입고 모자도 쓰고 있어요.

· 원피스

02 처럼

친구의 외모나 행동을 다른 것에 비유해서 말할 때가 있지요? 어떻게 말하면 좋을까요?

A 얀 씨는 어떻게 생겼어요?

B 얀 씨는 모델처럼 멋있게 생겼어요.

문법

N + 처럼

'처럼'은 어떤 모양이나 행동이 앞의 명사와 비슷한 정도임을 나타낼 때 사용한다. 또한 '처럼'은 '같이'와 바꿔 쓸 수 있다.

자음 + 처럼 예 인형처럼 모음 + 처럼 예 가수처럼

연습

다음 사람들은 어떻습니까? '처럼'을 사용해서 말해 보세요.

	이름	외모나 행동
보기	마이클	농구 선수 / 키가 크다
①	미셸	한국 사람 / 한국말을 잘하다
②	박현미	미스코리아 / 날씬하다
③	티엔	인형 / 예쁘게 생겼다
④	이치로	아나운서 / 발음이 정확하다
⑤	나타샤	가수 / 노래를 잘 부르다

A 마이클 씨는 키가 커요?

B 네. 농구 선수처럼 키가 커요.

· 모델
· 선수
· 인형
· 정확하다

03 -(으)ㄴ/는/(으)ㄹ 게 아니라

다른 사람이 잘못 알고 있는 것을 맞게 고쳐서 말해 줄 때 어떻게 말하면 좋을까요?

A 그 잡지를 샀어요?

B 아니요. 산 게 아니라 친구한테서 빌린 거예요.

문법

A + (으)ㄴ 게 아니라, V + (으)ㄴ/는/(으)ㄹ 게 아니라, N + 이/가 아니라

'-(으)ㄴ/는/(으)ㄹ 게 아니라'는 앞의 내용을 부정하고 고쳐서 말해 줄 때 사용한다. 동사의 과거에는 '-(으)ㄴ 게 아니라', 현재에는 '-는 게 아니라', 미래에는 '-(으)ㄹ 게 아니라'를 쓴다.

A	자음 + 은 게 아니라	예 많은 게 아니라
	모음, ㄹ + ㄴ 게 아니라	예 예쁜 게 아니라, 긴 게 아니라
V	자음 + 은/는/을 게 아니라	예 먹은/먹는/먹을 게 아니라
	모음, ㄹ + ㄴ/는/ㄹ 게 아니라	예 간/가는/갈 게 아니라, 만든/만드는/만들 게 아니라

연습

잘못 알고 있는 사실을 맞게 고쳐 주려고 합니다. '-(으)ㄴ/는/(으)ㄹ 게 아니라'를 사용해서 말해 보세요.

보기 A: 이 그림은 파는 거예요?
B: (팔다, 전시하다)

① A: 수업이 끝났어요?
B: (끝났다, 잠깐 쉬다)

② A: 그 이야기를 누구한테서 들었어요?
B: (들었다, 텔레비전에서 봤다)

③ A: 이 꽃은 선물할 거예요?
B: (선물할 거다, 선물 받았다)

④ A: 옷이 크지 않아요?
B: (옷이 크다, 살이 빠졌다)

⑤ A: 티엔 씨는 중국 사람이에요?
B: (중국 사람, 베트남 사람)

A 이 그림은 파는 거예요?

B 파는 게 아니라 전시하는 거예요.

· 살이 빠지다

어휘

색 ············ 4

하얀색(흰색)

노란색

연두색

초록색(녹색)

주황색

빨간색

하늘색

파란색

연분홍색

분홍색

자주색

보라색

갈색

남색

회색

까만색(검정색)

Part 2

들어 봅시다

인상착의를 설명하는 대화 듣기

01 다음은 졸업식에 온 사람들입니다. 어떤 사람이 가장 멋있습니까? 왜 그렇게 생각합니까? 서로 이야기해 보세요.

02 다음은 장소이 씨와 이정민 씨의 대화입니다. 잘 듣고 물음에 답하세요. 5

(1) 김철수 씨의 인상착의는 어떻습니까?

① 청바지를 입고 운동화를 신고 있다.
② 면바지에 셔츠를 입고 안경을 쓰고 있다.
③ 모델처럼 멋있게 입고 꽃다발을 들고 있다.

(2) 이정민 씨 선배의 인상착의는 어떻습니까?

① 안경을 쓰고 양복을 입고 있다.
② 넥타이를 매고 양복을 입고 있다.
③ 키가 크고 옷을 멋있게 입고 있다.

(3) 장소이 씨가 마음에 들어 하는 사람은 누구입니까? 위의 그림에서 고르세요.

- 졸업식
- 인상착의
- 면바지
- 셔츠

말해 봅시다

친구 마중 부탁하기

친구가 한국에 옵니다. 그렇지만 일이 있어서 공항에 마중하러 갈 수 없습니다. 다른 사람에게 친구의 이름과 인상착의를 알려 주고 마중을 부탁하세요.

Try it! 말풍선을 따라 대화를 구성해 보세요.

	마이클 친구에게 마중을 부탁하려고 합니다. 마중할 사람의 인상착의, 이름, 특징을 알려 주고 비행기 편명도 알려 줍니다.	박영민 마중할 사람의 인상착의와 비행기 편명을 물어봅니다.
1. 시간이 있는지 묻기	오후 | 시간 | 있다?	○ 무슨 일?
2. 친구 마중 부탁하기	친구 | 한국 | 오다 + 마중하러 가기로 했다 급한 일 | 생기다 + 못 가다 영민 씨 | 마중하다 + 나가 줄 수 있다?	○ 마중하러 가다 친구 | 어떻게?
3. 인상착의 설명하기	영화배우 | 예쁘게 생겼다 키 | 조금 작다 티셔츠와 청바지 | 입다 + 운동화 | 신다 이름 | 앨리스	친구 | 한국말 | 잘하다?
4. 특징 설명하기	○ 미국 | 한국말 | 오랫동안 배우다 + 한국 사람 | 잘하다	다행이다 비행기 편명 | 여기 | 써 주다?
5. 비행기 편명 말하기	4시 30분 | 도착하다 + KE 321편	친구 | 만나다 + 바로 전화하다

표현

■ 인상착의 설명하기

A: 어떻게 생겼어요?
B: 인형같이 생겼어요./
모델처럼 멋있어요./
잘생겨서 영화배우 같아요./
영화배우처럼 예쁘게 생겼어요.

A: 무슨 옷을 입고 있어요?
B: 긴팔 원피스를 입었어요./
검은색 정장 차림이에요./
티셔츠에 청바지를 입고 있어요.

대화

6

마이클 영민 씨, 혹시 오후에 시간이 있어요?

박영민 네. 무슨 일이 있어요?

마이클 사실 친구가 오늘 한국에 와서 제가 공항에 마중하러 가기로 했어요. 그런데 갑자기 급한 일이 생겨서 못 갈 것 같아요. 영민 씨가 마중하러 좀 나가 줄 수 있어요?

박영민 그럼요. 제가 마중하러 갈게요. 그런데 친구가 어떻게 생겼어요?

마이클 영화배우처럼 예쁘게 생겼어요. 키는 조금 작아요. 티셔츠와 청바지를 입고 운동화를 신고 있을 거예요. 이름은 앨리스예요.

박영민 앨리스 씨요? 그런데 그 친구는 한국말을 잘해요?

마이클 네. 미국에서 한국말을 오랫동안 배워서 한국 사람처럼 잘해요.

박영민 다행이네요. 그럼 비행기 편명을 여기에 써 주시겠어요?

마이클 비행기는 4시 30분에 도착하는 KE 321편이에요.

박영민 알겠어요. 그럼 친구를 만나면 바로 전화할게요.

확장

여러분의 친구가 한국에 옵니다. 그런데 여러분은 급한 일이 있어서 친구를 마중하러 갈 수 없습니다. 다른 사람에게 친구의 마중을 부탁하세요.

이름	외모	옷차림	특징
유키	인형같이 귀엽게 생겼다	하늘색 원피스를 입고 있다	한국말을 배우고 있다
크리스	모델처럼 멋있다	회색 양복 차림이다	한국 음식을 좋아하다

· 급하다 · 오랫동안 · 다행이다 · 편명 · 바로

읽고 써 봅시다

이상형에 대한 글 읽고 쓰기

01 다음 사람 중 여러분의 이상형은 누구입니까? 왜 그 사람이 좋습니까?

02 다음은 미셸 씨가 자신의 이상형에 대해서 쓴 글입니다. 잘 읽고 물음에 답하세요. 7

내 이상형과 다른 사람

A 내 이상형은 키가 크고 영화배우처럼 잘생긴 사람이다. 나는 옷도 모델같이 멋있게 입는 사람이 좋다. 내가 패션에 관심이 많기 때문에 내 남자 친구도 패션에 관심이 많으면 좋겠다. 그리고 성격은 활발하고 친절해야 하지만 모든 여자들에게 친절한 것은 싫다. 나에게만 잘해 주는 그런 남자가 좋다. 사람들 모두 생각하는 것이 다르지만 나는 남자의 직업은 크게 상관없다. 다만 나와 자주 만날 수 있도록 시간을 여유롭게 쓸 수 있는 일을 하면 좋겠다. 내가 눈이 높은 걸까? 그래서 그런지 나는 아직까지 남자 친구가 없다.

B 왜냐하면 그 사람의 외모는 내가 원하는 이상형과 달랐기 때문이다. 그 사람은 키도 별로 크지 않았고 얼굴도 잘생기지 않았다. 또 그 사람은 얼굴에 어울리지 않는 노란색 셔츠를 입고 있었다. 그래서 그 사람에 대한 첫인상은 좋지 않았다.

C 그런데 어제 친구가 남자를 한 명 소개해 주었다. 소개하기 전에 내 친구는 그 사람에 대해서 "정말 멋있는 사람이에요."라고 말했다. 그래서 나는 기대를 많이 했다. 그렇지만 나는 그 사람을 보고 실망했다.

D 그런데 생각보다 그 사람과 말이 잘 통해서 즐겁게 이야기를 나눌 수 있었다. 또 그 사람은 아주 친절한 사람이었다. 역시 경험해 보지 않고 외모로만 사람을 판단하면 안 될 것 같다.

- 이상형
- 활발하다
- 상관없다
- 다만
- 여유롭다
- 눈이 높다
- 얼굴
- 첫인상
- 실망하다
- 말이 통하다
- 판단하다

(1) 글의 순서를 맞춰 보세요.

(A) ⇨ ( ) ⇨ ( ) ⇨ ( )

(2) 맞는 것에 ✓표 하세요.

① 좋은 직업을 가진 남자가 내 이상형이다. 네 _____ 아니요 _____

② 소개받은 사람은 잘생기고 친절했다. 네 _____ 아니요 _____

(3) 다음은 미셸 씨가 소개받은 남자입니다. 이 남자의 외모, 옷차림, 성격은 어떻습니까? 표에 메모하고 이야기해 보세요.

외모	
옷차림	
성격	

03 이상형에 대한 글을 써 보세요.

(1) 여러분이 생각하는 이상형에 대한 글을 쓰려고 합니다. 이상형에 대해서 간단히 메모해 보세요.

Ⅰ. 외모 : ____________________

____

Ⅱ. 성격 : ____________________

____

Ⅲ. 직업 : ____________________

____

Ⅳ. 기타 : ____________________

____

(2) 위의 메모를 바탕으로 여러분의 이상형에 대한 글을 써 보세요.

문화

관상

사람들은 보통 자신의 미래나 운명을 궁금해합니다. 그래서 한국에서는 여러 가지 방법으로 운명을 점쳐 보는데, 그중 하나가 관상입니다. 관상의 기본은 자신의 운명이 자신의 얼굴에 나타난다는 것입니다.

예를 들어 눈은 그 사람의 정신과 마음을 나타냅니다. 그래서 눈동자가 까맣고 눈이 맑은 사람은 착하기 때문에 복을 많이 받는다고 합니다. 눈썹은 대인관계를 말합니다. 눈썹이 진하고 숱이 많은 사람은 대인관계가 좋다고 합니다. 또한 코는 그 사람의 금전운을 나타내는데, 코가 길고 곧게 뻗어 있으면 돈을 많이 벌 수 있습니다. 반면 콧구멍이 크고 넓으면 돈을 잘 모을 수 없습니다. 그리고 입술은 건강과 관련이 있어서 입술이 빨갛고 도톰하면 평생 건강하다고 합니다.

그렇지만 얼굴보다 중요한 것은 마음이라고 합니다. 즉 착한 마음을 가진 사람이 복을 받고 잘살 수 있다는 것입니다.

01 관상은 무엇입니까? 관상을 통해서 무엇을 알 수 있습니까?

02 여러분 나라에도 얼굴을 보고 그 사람의 성격이나 운명을 이야기합니까? 또 다른 방법이 있습니까? 서로 이야기해 보세요.

제2과

특별한 날

제 2 과 특별한 날

Part 1	준비합시다 1	(이)니, 밖에
	준비합시다 2	-(으)면서
	준비합시다 3	-(으)ㄴ/는지 알다
	어휘	설날 추석 명절
Part 2	들어 봅시다	설날에 대한 정보 듣기
	말해 봅시다	연휴 계획 세우기
	읽고 써 봅시다	일기 읽고 쓰기
	문화	돌과 환갑

Part 1

준비합시다

01 (이)나, 밖에

8

오늘부터 7월이 시작됩니다. 여러분에게 반년은 빨리 지나갔습니까? 천천히 지나갔습니까?

A 올해도 벌써 반이나 지났어요.

B 반이요? 아직 반밖에 안 지났어요?

문법

N + (이)나, 밖에

N+(이)나: 수량이 예상되는 정도를 넘었거나 꽤 많음을 나타낼 때 사용한다.

자음 + 이나 　예 열 권이나 　　모음 + 나 　예 다섯 개나

N+밖에: 수량이 예상되는 정도보다 적음을 나타낼 때 사용한다. 뒤에 부정을 나타내는 말이 온다.

자음 + 밖에 　예 세 명밖에 　　모음 + 밖에 　예 하나밖에

연습

다음 두 사람의 생각을 '(이)나', '밖에'를 사용해서 말해 보세요.

	마이클의 상황	마이클의 생각	장소이의 생각
보기	일주일에 3번 외식하다	많다	적다
①	매일 7시간 자다	많다	적다
②	한 달에 책을 2권 읽다	적다	많다
③	하루에 1시간 운동하다	적다	많다
④	하루에 커피를 3잔 마시다	많다	적다
⑤	한 달에 용돈으로 50만 원을 받다	적다	많다

A 마이클 씨는 일주일에 몇 번 외식해요?

B 저는 3번이나 외식해요.

A 그래요? 3번밖에 안 해요?

02 –(으)면서

어떤 두 가지 일을 동시에 하고 있을 때 어떻게 말하면 좋을까요?

A 좀 전에 왜 전화를 안 받았어요?

B 음악을 들으면서 청소를 해서 전화 소리를 못 들었어요.

문법

V + (으)면서

'–(으)면서'는 둘 이상의 행동을 동시에 하고 있음을 나타낼 때 사용한다.

자음 + 으면서 예 읽으면서 모음, ㄹ + 면서 예 가면서, 만들면서

연습

다음 사람들은 무엇을 하고 있습니까? '–(으)면서'를 사용해서 말해 보세요.

보기

마이클

①

미셸

②

나타샤

③

장소이

④

왕카이

· 소리

A 마이클 씨는 지금 뭐 하고 있어요?

B 식사하면서 이야기하고 있어요.

03 -(으)ㄴ/는지 알다

어떤 사실에 대해서 상대방이 알고 있는지 물어볼 때 어떻게 말할까요?

A 왕카이 씨, 학교에서 인천공항까지 어떻게 가는지 알아요?

B 네. 학교 앞 사거리에서 공항 버스를 타면 돼요.

문법

A/V + (으)ㄴ/는지 알다

'-(으)ㄴ/는지 알다'는 다른 사람이 어떤 사실에 대해서 알고 있는지를 나타낼 때 사용한다.

- A 자음 + 은지 예 작은지 모음 + ㄴ지 예 큰지
- V 자음 + 는지 예 먹는지 모음, ㄹ + 는지 예 가는지

Tip 과거: 았/었는지 예 작았는지, 컸는지, 먹었는지, 갔는지
미래: (으)ㄹ 건지 예 갈 건지, 만들 건지

연습

여러분은 한국에 대해서 많이 알고 있습니까? 다음을 보고 '-(으)ㄴ/는지 알다', '-(으)ㄴ/는지 모르다'를 사용해서 말해 보세요.

	한국에 대한 질문	대답
보기	김치는 무엇으로 만듭니까? 압니까?	□ 네 ☑ 아니요
①	서울 시청에서 인천공항까지 얼마나 걸립니까? 압니까?	☑ 네 □ 아니요
②	한글은 누가 만들었습니까? 압니까?	☑ 네 □ 아니요
③	KTX는 얼마나 빠릅니까? 압니까?	□ 네 ☑ 아니요
④	한국에 외국인이 몇 명쯤 삽니까? 압니까?	□ 네 ☑ 아니요
⑤	현재 한국의 대통령이 누구입니까? 압니까?	☑ 네 □ 아니요

· 대통령

A 김치는 무엇으로 만드는지 압니까?

B 아니요, 무엇으로 만드는지 몰라요.

어휘

설날

11

떡국을 먹다

세배를 하다

세뱃돈을 받다

추석

송편을 만들다

보름달을 구경하다

소원을 빌다

명절

차례를 지내다

전통 놀이를 하다

성묘를 하다

Part 2

들어 봅시다

설날에 대한 정보 듣기

01 설날에 다음 사람들은 무엇을 하고 있습니까? 서로 이야기해 보세요.

02 다음은 박영민 씨와 마이클 씨의 대화입니다. 잘 듣고 물음에 답하세요. 12

(1) 한국 사람들이 설날에 하는 것이 아닌 것은 무엇입니까?

① 가족들이 모두 모여 같이 시간을 보낸다.

② 떡국도 먹고 차례도 지낸다.

③ 친구들에게 세배를 한다.

(2) 박영민 씨와 마이클 씨는 설날에 무엇을 할 겁니까?

① 두 사람은 박영민 씨 집에서 지낼 것이다.

② 두 사람은 같이 설날 음식을 만들 것이다.

③ 두 사람은 반 친구들과 윷놀이를 할 것이다.

(3) 맞는 것에 ✓표 하세요.

① 설날 아침에 차례를 지낸 후에 떡국을 먹는다. 네 ____ 아니요 ____

② 마이클 씨는 박영민 씨 가족을 만난 적이 있다. 네 ____ 아니요 ____

③ 세배를 할 때 "새해 복 많이 받으세요."라고 인사말도 한다. 네 ____ 아니요 ____

· 윷놀이
· 복

말해 봅시다

연휴 계획 세우기

추석 연휴에 할 일을 계획하려고 합니다. 추석 연휴에 무엇을 할지 친구와 계획을 세워 보세요.

Try it!

말풍선을 따라 대화를 구성해 보세요.

	장소이 이치로 씨에게 연휴 계획을 묻고 자신의 계획을 말합니다.	이치로 장소이 씨의 연휴 계획을 듣고 장소이 씨의 제안에 동의합니다.
1. 연휴 계획 묻기	추석 연휴 | 뭐 하다?	아직 잘 모르다 장소이 씨?
2. 연휴 첫날 계획 답하기	연휴 첫날 | 집 | 책 | 읽다 + 음악 | 듣다 + 쉬다	그 다음 날?
3. 연휴 둘째 날 계획 말하고 제안하기	경복궁 | 가다 거기 | 가다 + 한복 | 입다 + 사진 | 찍다 + 전통 놀이도 해 볼 수 있다 이치로 씨도 같이 가다?	좋다 어떻게 가다 | 알다?
4. 가는 방법 묻기	○ 학교 앞 | 버스 | 타면 되다	거기 | 얼마나 걸리다?
5. 소요 시간 묻기	20분 | 안 걸리다	재미있겠다 기대 | 되다

표현

■ 계획을 정하지 못했음을 말하기

A: 연휴에 뭐 할 거예요?
B: 아직 못 정했어요./
아직 잘 모르겠어요./
특별한 계획이 없어요./
아직 생각 못 해 봤어요.

■ 어떤 일에 대한 기대를 표현하기

기대가 커요
기대가 되는군요.
벌써부터 기다려져요.
벌써부터 기대가 돼요.

대화

13

장소이 이치로 씨, 추석 연휴에 뭐 할 거예요?
이치로 글쎄요. 아직 잘 모르겠어요. 장소이 씨는요?
장소이 저는 연휴 첫날에는 집에서 책도 읽고 음악도 들으면서 쉬려고 해요.
이치로 그래요? 그럼 그 다음 날에는요?
장소이 경복궁에 가려고 해요. 거기에 가면 한복을 입고 사진을 찍을 수 있고 전통 놀이도 직접 해 볼 수 있어요. 이치로 씨도 같이 갈래요?
이치로 네, 좋아요. 그런데 어떻게 가는지 알아요?
장소이 네. 학교 앞에서 버스를 타면 돼요.
이치로 거기까지 얼마나 걸려요?
장소이 20분밖에 안 걸려요.
이치로 재미있겠어요. 벌써부터 기대가 돼요.

확장

여러분은 연휴에 무엇을 할 겁니까? 특별한 계획이 있습니까? 서로 이야기해 보세요.

연휴	계획
여름휴가	첫째 날: 여행 준비물을 사다, 여행 가방을 싸다
	둘째 날: 부산에 여행을 가다 바다에서 해수욕을 하다 → 시장에서 쇼핑을 하다 → 멋진 카페에 가다
크리스마스	첫째 날: 가족과 같이 보내다, 가족과 같이 요리를 하다
	둘째 날: 집에서 친구들과 파티를 하다 식사를 하다 → 차와 케이크를 먹다 → 노래방에 가다

· 연휴 · 직접 · 기대가 되다

읽고 써 봅시다

일기 읽고 쓰기

01 다음 사람들은 추석에 무엇을 했습니까?

02 다음은 장소이 씨가 추석에 경험한 내용을 쓴 일기입니다. 잘 읽고 물음에 답하세요. 14

10월 6일 (금)

오늘은 추석이다. 나는 추석을 직접 경험해 보고 싶어서 우리 반 친구 이치로 씨와 함께 한옥 마을에 갔다.

한옥 마을에는 한복을 입은 사람들이 많았다. 그래서 추석 기분을 더 느낄 수 있었다. 우리는 먼저 송편을 만드는 곳으로 갔다. 아침에 하숙집에서 먹은 송편은 하얀색밖에 없었지만 거기에는 노란색, 초록색, 자주색 등 여러 색의 송편이 있었다. 나는 그중에서 초록색 송편이 가장 맛있었다. 송편을 먹고 나서 한복을 입어 보는 곳으로 갔다. 한복은 인기가 많아서 그곳에서만 30분 이상 기다려야 했다. 30분 후에 한복을 입고 사진도 찍었다.

그다음에는 전통 놀이도 구경했다. 특히 제기차기는 수업 시간에 공부한 적이 있어서 어떻게 하는지 조금 알고 있었다. 그런데 생각보다 어려워서 거의 모든 사람들이 제기차기를 두세 번밖에 못 했다. 그렇지만 이치로 씨는 열 번이나 해서 사람들의 박수를 받았다.

오늘 나는 송편도 먹고 전통 놀이도 하면서 한국 사람들의 정과 한국 문화를 느낄 수 있었다. 정말 의미 있는 시간이었다. 중국에 돌아간 후에도 오늘의 경험을 잊지 못할 것 같다.

· 제기차기
· 정
· 잊다

(1) 내용과 맞지 않는 것은 무엇입니까?

① 장소이 씨는 같은 반 친구와 함께 한옥 마을에 갔다.

② 장소이 씨는 수업 시간에 제기차기를 배운 적이 없다.

③ 장소이 씨는 한옥 마을에서 한국의 추석을 느낄 수 있었다.

(2) 맞는 것에 ✓표 하세요.

① 한복을 입으려고 기다리는 사람이 많았다. 네 ______ 아니요 ______

② 장소이 씨는 초록색 송편을 가장 맛있게 먹었다. 네 ______ 아니요 ______

③ 이치로 씨는 제기차기를 처음 해서 두 번밖에 못 찼다. 네 ______ 아니요 ______

(3) 다음 그림을 보고 장소이 씨가 한옥 마을에서 한 일을 순서에 맞게 번호를 써 보세요. 그리고 순서대로 이야기해 보세요.

(1)

( )

( )

( )

03 특별한 날에 한 일을 일기로 써 보세요.

(1) 특별한 날에 한 일을 일기로 쓰려고 합니다. 날짜와 요일, 경험한 일과 느낌을 메모해 보세요.

Ⅰ. 날짜와 요일 : ________월 ________일 (________ 요일)

Ⅱ. 경험한 일 : ______________________________

____

____

Ⅲ. 느낌 : ______________________________

____

____

(2) 위의 메모를 바탕으로 특별한 날에 대한 일기를 써 보세요.

문화

돌과 환갑

한국에는 다른 생일보다 더 많이 축하해 주는 특별한 생일이 있습니다. 그중의 하나는 돌이고 다른 하나는 환갑입니다.

돌은 아기의 첫 번째 생일을 말합니다. 이날 아기의 부모는 가족들이나 친구들을 초대해서 아기의 돌을 축하하는 돌잔치를 합니다. 또 돌상을 차리고 돌잡이도 합니다. 손님들은 아기의 돌을 축하하며 아기 옷이나 돈, 금반지를 선물합니다.

환갑은 만 60세가 되는 생일로 회갑이라고도 합니다. 이날 자식들은 친척들과 부모님의 친구들을 초대해서 부모님의 환갑을 축하하는 잔치를 엽니다. 그렇지만 요즘은 평균 수명이 길어져서 가족들끼리만 모여서 식사를 하기도 합니다. 또 잔치 대신에 환갑을 기념해서 부모님을 여행 보내 드리는 경우도 많습니다.

01 돌과 환갑은 몇 번째 생일입니까? 이날에는 보통 무엇을 합니까?

02 여러분 나라에도 특별하게 축하해 주는 생일이 있습니까? 그 생일은 언제입니까?

제3과

대중교통

제 3 과 대중교통

Part 1	준비합시다 1	-다가
	준비합시다 2	-자마자
	준비합시다 3	대신(에)
	어휘	교통
Part 2	들어 봅시다	교통 방송 듣기
	말해 봅시다	택배 기사에게 길 알려 주기
	읽고 써 봅시다	대중교통에 대한 비교의 글 읽고 쓰기
	문화	서울의 버스

Part 1

준비합시다

01 -다가

15

어떤 일을 하는 도중에 그 일을 그만두고 다른 일을 할 때 어떻게 말하면 좋을까요?

A 마이클 씨, 숙제를 다 했어요?

B 아니요. 어젯밤에 숙제하다가 피곤해서 잤어요.

문법

V + 다가

'-다가'는 어떤 행위나 상태가 중단되고 다른 행위나 상태로 바뀔 때 사용된다.

자음 + 다가 예 먹다가, 만들다가 모음 + 다가 예 하다가, 가다가

연습

다음 사람들이 중단하고 한 일을 '-다가'를 사용해서 말해 보세요.

	중단한 일	바뀐 일
보기	이치로 씨는 이메일을 쓰다 • ——— •	전화가 와서 전화를 받고 있다
①	티엔 씨는 자다 •	• 어려운 단어가 있어서 사전을 찾고 있다
②	장소이 씨는 영화를 보다 •	• 재료가 모자라서 재료를 사러 갔다
③	미셸 씨는 학교에 가다 •	• 지루해서 중간에 나왔다
④	왕카이 씨는 예습을 하다 •	• 숙제를 안 가져와서 집에 다시 가고 있다
⑤	나타샤 씨는 음식을 만들다 •	• 무서운 꿈을 꿔서 잠에서 깼다

이치로 씨는 이메일을 쓰다가 전화가 와서 전화를 받고 있어요.

· 모자라다
· 지루하다
· 중간
· 무섭다
· 꾸다
· 깨다

02 –자마자

16

어떤 행동을 한 후에 바로 다른 행동을 할 때 어떻게 말하면 좋을까요?

A 오늘 같이 점심 먹을까요?

B 미안해요. 오늘 미국에서 친구가 와서 수업이 끝나자마자 공항에 마중 가야 돼요.

문법

V + 자마자

'–자마자'는 어떤 상황에 이어 곧바로 도 다른 상황이 있을 때 사용된다. '–자마자'로 연결되는 문장에는 부정의 표현이 올 수 없다.

자음 + 자마자 예 먹자마자 모음 + 자마자 예 가자마자

연습

다음 사람들은 무엇을 하고 있습니까? 또 그 행동 후에 곧바로 어떤 행동을 했습니까? '–자마자'를 사용해서 말해 보세요.

보기 장소이

신호등이 바뀌다 길을 건넜다

① 나타샤

집에 들어오다 손을 씻다

② 마이클

졸업하다 취직했다

③ 왕카이

침대에 눕다 잠이 들었다

장소이 씨는 신호등이 바뀌자마자 길을 건넜습니다.

- 신호등
- 바뀌다
- 씻다
- 눕다
- 잠이 들다

03 대신(에)

친구에게 퇴근 시간에 길이 막히니까 버스가 아닌 지하철을 타자고 할 때 어떻게 말하면 좋을까요?

A 광화문까지 버스로 갈까요?

B 지금 퇴근 시간이라 길이 막히니까 버스 대신에 지하철을 탑시다.

문법

N + 대신(에)

'대신(에)'는 그에 상응하는 다른 것으로 대체하거나 보상할 때 사용된다.

자음 + 대신(에) 예 지하철 대신(에) 모음 + 대신(에) 예 버스 대신(에)

연습

적당한 것을 찾지 못해 다른 것을 선택했습니다. '대신(에)'를 사용해서 말해 보세요.

	상황	이유	대체된 것
보기	친구에게 생일 카드를 보냈다	시간이 없다	카드 → 이메일
①	버스를 타고 왔다	길이 막히다	버스 → 지하철
②	현금으로 계산했다	현금이 부족하다	현금 → 신용카드
③	짐을 항공편으로 보냈다	너무 비싸다	항공편 → 배편
④	어제 친구와 뮤지컬을 봤다	표가 매진되다	뮤지컬 → 영화
⑤	오늘 한국어 수업을 했다	문화 수업이 있다	수업 → 공연 관람

A 친구에게 생일 카드를 보냈어요?

B 아니요. 시간이 없어서 카드 대신에 이메일을 보냈어요.

· 짐
· 항공편
· 배편
· 매진되다

어휘

교통 18

길을 막다

길이 막히다

교통사고가 나다

택시를 잡다

버스를 놓치다

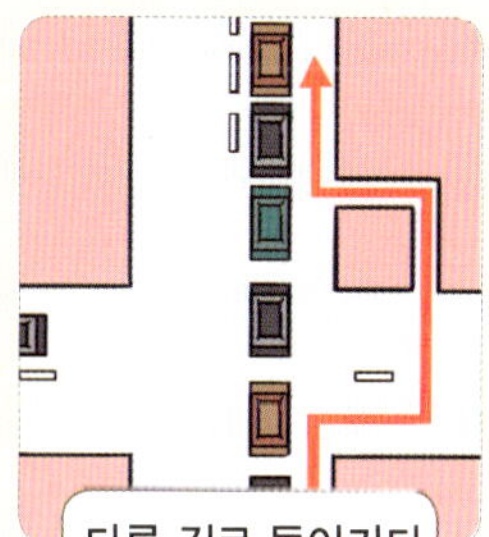
다른 길로 돌아가다

음주 운전하다

신호를 어기다

신호가 바뀌다

Part 2

들어 봅시다

교통 방송 듣기

01 이곳은 무엇을 하는 곳일까요? 서로 이야기해 보세요.

02 다음은 교통 방송입니다. 잘 듣고 물음에 답하세요. 19

(1) 오늘 아침에 올림픽대로가 막히는 이유는 무엇입니까?

① 교통사고가 나서 ② 안개가 많이 껴서 ③ 고장 난 차가 있어서

(2) 오늘 아침에 경부고속도로에서 가장 정체된 곳은 어디입니까?

☐ 반포 인터체인지 ☐ 서초 인터체인지 ☐ 양재 인터체인지 ☐ 판교 인터체인지

(3) 맞는 것에 ✔표 하세요.

① 지금 김포공항에 가려면 올림픽대로로 가는 것이 가장 빠르다.

네 _____ 아니요 _____

② 경부고속도로에 들어왔다가 다른 곳으로 돌아가는 차들이 많다.

네 _____ 아니요 _____

③ 오늘은 행사 때문에 하루 종일 시청 주변의 길을 막을 것이다.

네 _____ 아니요 _____

- 교통 방송
- 올림픽대로
- 경부고속도로
- 정체되다
- 인터체인지
- 주변

말해 봅시다

택배 기사에게 길 알려 주기

택배 기사가 여러분 집에 방문하려고 합니다. 어디로 해서 오면 빠를까요? 택배 기사에게 집까지 오는 빠른 길을 알려 주세요.

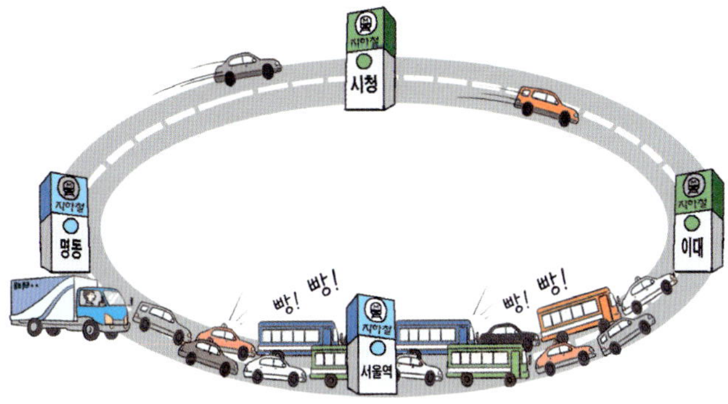

Try it!

말풍선을 따라 대화를 구성해 보세요.

	나타샤 택배 기사에게 집까지 오는 빠른 길을 알려 주세요.	택배 기사 어디로 가는 것이 빠른지 나타샤에게 물어보세요.
1. 택배 배달 확인하기	여보세요?	이화 택배 나타샤 씨 댁 맞다?
2. 가는 길 물어보기	맞다	주문하신 물건 | 배달하러 가다 지금 명동이다 + 여기서 어떻게 가면 되다 | 알다?
3. 집까지 오는 길 알려 주기	거기서 저희 집 | 시청 | 오다 + 서울역 | 오다	어디 | 가는 것 | 더 빠르다?
4. 빠른 길 알려 주고 가는 방법 묻기	시청 | 오는 것 | 가장 빠르다 + 막히지 않다	그러면 시청 | 가는 길 | 알려 주다?
5. 집 주변 길 묻기	시청 | 아현동 방향 | 계속 직진하다 + 이대역 | 우회전 하다	○ 거기에서 어떻게 가다?
6. 집 주변 길 알려 주기	80m 더 가다 + 왼쪽 | 커피숍 | 있다 커피숍 | 지나다 + 좌회전하다 + 아파트 | 보이다	고맙다 곧 방문하겠다

표현

■ 목적지까지 가는 길 묻기

신촌에 어떻게 가면 되는지 아세요?
신촌까지 어디로 해서 가는지 아세요?
여기에서 신촌까지 어떻게 가면 될까요?
신촌까지 어디로 해서 가는지 알려 주시겠어요?

대화

20

나타샤 여보세요?

택배 기사 이화 택배입니다. 나타샤 씨 댁 맞습니까?

나타샤 네, 맞아요.

택배 기사 주문하신 물건을 배달하러 가고 있습니다. 지금 명동인데 여기서 어떻게 가면 되는지 아세요?

나타샤 거기서 저희 집까지는 시청으로 해서 올 수도 있고 서울역으로 해서 올 수도 있어요.

택배 기사 어디로 해서 가는 게 더 빨라요?

나타샤 시청으로 해서 오는 게 가장 빠르고 막히지 않습니다.

택배 기사 그렇군요. 그러면 시청으로 해서 가는 길을 좀 알려 주시겠어요?

나타샤 시청에서 아현동 방향으로 계속 직진하시다가 이대역에서 우회전하세요.

택배 기사 네. 거기에서는 어떻게 가야 합니까?

나타샤 80m쯤 더 가면 왼쪽에 커피숍이 있어요. 커피숍을 지나자마자 좌회전하면 이화아파트가 보일 겁니다.

택배 기사 네, 고맙습니다. 곧 방문하겠습니다.

확장

여러분 친구에게 목적지까지 가는 가장 좋은 길을 묻고 답하세요.

출발지 → 목적지	가는 길
학교 정문 → 기숙사	학교 정문 → 학생 식당 → 도서관 → 기숙사
경복궁 → 남산	경복궁 → 인사동 → 명동 → 남산

· 택배 · 기사 · 주문하다 · 저희 · 방향 · 직진하다 · 우회전 · 정문

읽고 써 봅시다

대중교통에 대한 비교의 글 읽고 쓰기

01 다음은 여러 나라의 대중교통 사진입니다. 다음 대중교통은 어떤 특징이 있는지 이야기 해 보세요.

02 다음은 한국과 방글라데시의 대중교통을 비교한 글입니다. 잘 읽고 물음에 답하세요. 21

한국과 방글라데시의 대중교통

대중교통은 종류가 매우 다양합니다. 여러분은 한국과 방글라데시에서 어떤 대중교통을 많이 이용하는지 알고 있습니까?

한국의 대표적인 대중교통은 지하철, 버스, 택시입니다. 길이 막힐 때는 버스나 지하철이 빠르기 때문에 사람들이 택시 대신에 버스나 지하철을 많이 이용합니다. 특히 복잡한 시내로 해서 다른 곳에 가야 하는 경우 대중교통을 이용하면 편리합니다. 버스는 버스 전용 차로로 가기 때문에 길이 막히지 않아서 좋고 지하철은 시간을 절약할 수 있어서 좋습니다. 그리고 다른 대중교통으로 갈아타는 경우, 교통비도 할인되어서 편리합니다.

방글라데시의 대중교통에는 버스, 택시, 릭샤(rickshaw)가 있습니다. 특히 많이 이용하는 것은 릭샤입니다. 배낭여행이나 출장으로 방글라데시에 온 관광객들도 릭샤를 이용합니다. 릭샤는 자전거를 개조한 특별한 교통수단입니다. 손님이 앉는 의자에 지붕이 있어서 비 오는 날에도 탈 수 있습니다.

사람들이 릭샤를 많이 이용하는 이유는 이용 요금이 싸기 때문입니다. 또한 자동차가 다니기 힘든 좁은 골목길도 쉽게 다니기 때문에 급한 일이 있거나 약속 시간에 늦었을 때 편리합니다.

다른 나라에 여행을 가면 도착하자마자 그 나라만의 대중교통을 쉽게 볼 수 있으니까 한번 이용해 보십시오. 못 잊을 경험이 될 겁니다.

- 대표적
- 편리하다
- 버스 전용 차로
- 절약하다
- 갈아타다
- 할인되다
- 배낭여행
- 개조하다
- 교통수단
- 지붕
- 이용 요금
- 골목길

(1) 한국 사람들이 버스나 지하철을 이용하는 이유는 무엇입니까?

① 버스와 지하철이 빠르기 때문에　② 좁은 골목길도 다니기 때문에
③ 이용 요금이 싸기 때문에

(2) 릭샤에 대한 내용입니다. 맞는 것에 ✓표 하세요.

① 비가 오면 이용할 수 없다.　네 ____ 아니요 ____
② 좁은 골목길은 갈 수 없다.　네 ____ 아니요 ____
③ 사람들은 교통비가 싸기 때문에 많이 이용한다.　네 ____ 아니요 ____

03 여러분 나라와 다른 나라의 대중교통을 비교하는 글을 써 보세요.

(1) 여러분 나라와 다른 나라에서 자주 이용하는 대중교통을 비교하는 글을 쓰려고 합니다. 메모해 보세요.

Ⅰ. 들어가는 말: ____________________

Ⅱ. 여러분 나라에서 자주 이용하는 대중교통

1. 대중교통: ____________________
____

2. 이유: ____________________
____

Ⅲ. 다른 나라에서 자주 이용하는 대중교통

1. 대중교통: ____________________
____

2. 이유: ____________________
____

Ⅳ. 맺는 말: ____________________
____

(2) 위의 메모를 보고 비교하는 글을 써 보세요.

문화

서울의 버스

서울의 버스는 파란색, 초록색, 빨간색, 노란색 4가지의 색깔로 구분됩니다. 이 색깔은 간선버스, 지선버스, 광역버스, 순환버스를 의미합니다.

파란색 버스는 서울의 전 지역을 운행하는 간선버스입니다. 서울 전체를 7개로 나누어 그곳에서 서울 중심을 신속하게 연결하는 버스입니다. 초록색 버스는 주로 지하철로 환승할 수 있는 곳까지 연결해 주는 지선버스입니다. 그리고 빨간색 버스는 서울과 서울 주변의 경기도까지 빠르게 연결하는 광역버스입니다. 예를 들면 서울과 인천이나 서울과 분당, 일산 등을 운행하는 버스입니다. 마지막으로 노란색 버스는 서울 시내에서 일정 지역을 운행하는 순환버스입니다.

01 서울의 버스는 4가지 색으로 구분됩니다. 4가지 색깔의 버스는 각각 어떻게 다릅니까?

02 여러분 나라의 버스는 어떻게 구분됩니까? 서로 이야기해 보세요.

제4과

우리 동네

제 4 과 우리 동네

Part 1	준비합시다 1	아무나, 아무거나, 아무 데나
	준비합시다 2	-거든요
	준비합시다 3	-(으)ㄴ/는데
	어휘	집
		부동산 거래
Part 2	들어 봅시다	부동산 소개소에서 집 구하는 대화 듣기
	말해 봅시다	하숙집과 기숙사의 장단점 비교하기
	읽고 써 봅시다	인터넷 게시판의 동네 소개 글 읽고 쓰기
	문화	전세와 월세

Part 1

준비합시다

01 아무나, 아무거나, 아무 데나

22

특별히 어느 하나를 선택해서 말하지 않고 모두 괜찮다고 할 때 어떻게 말할까요?

A 뭐 시원한 것 좀 드릴까요? 콜라나 주스 어때요?

B 지금 목이 너무 말라서 아무거나 다 좋아요.

문법

아무나, 아무거나, 아무 데나

'아무나, 아무거나, 아무 데나'는 특별히 어느 하나를 선택해서 말하지 않고 모두가 가능함을 나타낼 때 사용한다.

아무 + 것이나 → 아무거나　　아무 + 데나 → 아무 데나

Tip 무엇을 하려고 하는 시간이 모두 가능함을 나타낼 때는 '아무 때나', 장소에서 어떤 일을 하는 것이 모두 가능함을 나타낼 때는 '아무 데서나'를 사용한다.

연습

여러 가지 중에서 어느 것이나 괜찮다고 대답하고 싶을 때 어떻게 말할까요? '아무나, 아무거나, 아무 데나'를 사용하여 말해 보세요.

	정해야 하는 것	제안	대답
보기	휴가 때 가고 싶은 곳	경주? 제주도?	안 가 본 곳이 많다 / 괜찮다
①	수업 후에 먹고 싶은 것	비빔밥? 피자?	너무 배가 고프다 / 괜찮다
②	만나고 싶은 날	평일? 주말?	중요한 약속이 없다 / 괜찮다
③	영화를 같이 보고 싶은 사람	장소이? 티엔?	둘 다 친한 사람들이다 / 괜찮다
④	쇼핑하고 싶은 곳	남대문 시장? 이태원?	두 곳 다 예쁘고 싼 옷이 많다 / 괜찮다
⑤	비행기에서 앉고 싶은 자리	창가 자리? 통로 자리?	비행 시간이 짧다 / 괜찮다

· 목이 마르다
· 배가 고프다

A 휴가 때 어디에 가고 싶어요? 경주에 갈까요, 아니면 제주도에 갈까요?

B 한국에서 안 가 본 곳이 많으니까 저는 아무 데나 다 괜찮아요.

02 -거든요

친한 친구나 동료에게 간단하게 이유만을 강조해서 말할 때 어떻게 말할까요?

A 마이클 씨, 그거 무슨 케이크예요?

B 생일 케이크예요. 오늘 회사 동료의 생일 파티가 있거든요.

문법

A/V + 거든요

'-거든요'는 질문에 대한 대답 또는 앞의 내용에 대한 이유를 설명하듯 말할 때 사용한다.

자음 + 거든요 예 먹거든요, 춥거든요
모음 + 거든요 예 가거든요, 피곤하거든요

연습

해야 하는 일과 그 이유를 골라 연결하세요. '-거든요'를 사용해서 말해 보세요.

	해야 하는 일		이유
보기	공항에 가야 하다	•——•	부모님이 한국에 오시다
①	집에서 쉴 것이다	• •	내일까지 숙제를 내야 하다
②	쓰기 숙제를 해야 하다	• •	어제 잠을 못 잤다
③	도서관에 가야 하다	• •	영화 표를 예매했다
④	영화를 보러 갈 것이다	• •	다음 주에 시험이 있다
⑤	병원에 갈 것이다	• •	감기에 걸렸다

A 오늘 수업 후에 같이 점심을 먹을래요?

B 미안해요. 오늘은 수업이 끝난 후에 공항에 가야 해요. 부모님이 한국에 오시거든요.

03 -(으)ㄴ/는데

24

새로 이사한 집의 좋은 점과 나쁜 점을 비교해서 말할 때 어떻게 말할까요?

A 장소이 씨, 새로 이사한 집은 어때요?

B 학교와 가까워서 좋은데 좀 좁아서 답답해요.

문법

A/V + (으)ㄴ/는데

'-(으)ㄴ/는데'는 앞선 사실과 다른 결과나 상황이 뒤에 이어지거나 대조되는 두 가지 사실을 말할 때 쓴다.

A 자음 + 은데 예 작은데, 좋은데 모음, ㄹ + ㄴ데 예 예쁜데, 먼데

V 자음 + 는데 예 먹는데 모음, ㄹ + 는데 예 가는데, 만드는데

Tip 과거: -았/었는데 예 작았는데, 예뻤는데, 먹었는데, 갔는데

미래: -(으)ㄹ 건데 예 먹을 건데, 갈 건데

연습

두 친구의 다른 점을 '-(으)ㄴ/는데'를 사용해서 말해 보세요.

		마이클	나타샤
보기	국적	미국에서 왔다	러시아에서 왔다
①	머리	짧다	길다
②	취미	그림 그리기를 좋아하다	책 읽기를 좋아하다
③	결혼 여부	결혼 안 했다	결혼했다
④	직업	회사원이다	주부이다

A 마이클 씨와 나타샤 씨는 모두 미국에서 왔어요?

B 아니요. 마이클 씨는 미국에서 왔는데, 나타샤 씨는 러시아에서 왔어요.

· 여부

어휘

집

아파트

오피스텔

단독 주택

빌라

원룸

전원 주택

부동산 거래

매매

전세

월세

계약하다

거래하다

중개하다

Part 2

들어 봅시다

부동산 소개소에서 집 구하는 대화 듣기

01 이 사람은 지금 어디에 있을까요? 이곳에 무슨 일로 갔을까요?

02 다음은 미셸 씨와 부동산 소개소 중개인의 대화입니다. 잘 듣고 물음에 답하세요. 26

(1) 미셸 씨는 무슨 일로 부동산 소개소에 갔습니까?

① 살고 있는 집을 팔려고 갔다.

② 새로 이사할 집을 알아보려고 갔다.

③ 지금 살고 있는 집의 가격을 물어보려고 갔다.

(2) 부동산 소개소 중개인이 소개한 집의 광고로 알맞은 것은 무엇입니까?

①	②	③
세입자 구함 • 방 2개 • 전세 4천만 원 • 월세 3천만 원, 50만 원 • 지하철역 근처	세입자 구함 • 방 1개, 화장실 2개 • 전세 4천만 원 • 월세 2천만 원, 100만 원 • 에어컨 있음	세입자 구함 • 방 2개, 부엌 있음 • 전세 5천만 원 • 월세 3천만 원, 50만 원 • 학교 근처, 주변에 편의 시설 있음 • 에어컨 있음

(3) 맞는 것에 ✓표 하세요.

① 이 집은 학교에서 멀지만 지하철역 근처라서 인기가 많다. 네 _____ 아니요 _____

② 미셸 씨는 이 집이 마음에 들어서 내일 이사하기로 했다. 네 _____ 아니요 _____

③ 이 집에 지금 사는 사람이 없다. 네 _____ 아니요 _____

· 부동산 소개소
· 세입자
· 편의 시설

말해 봅시다

하숙집과 기숙사의 장단점 비교하기

친구가 기숙사에서 하숙집으로 이사하려고 합니다. 하숙집과 기숙사의 장단점을 비교해 보세요.

Try it! 말풍선을 따라 대화를 구성해 보세요.

	미셸 기숙사에서 하숙집으로 이사를 하려고 합니다. 친구에게 하숙집의 장단점을 물어보세요.	티엔 하숙집의 장단점에 대해 말하고 기숙사 생활에 대해 물어보세요.
1. 하숙집과 기숙사 비교해서 묻고 답하기	하숙집 | 살다? 하숙집 | 기숙사 | 비하다 + 편하다?	둘 다 장단점 | 있다 이사하다?
2. 하숙집의 장점 말하기	하숙집 | 옮기다	하숙집 | 식사 준비 | 할 필요 없다 + 편하다
3. 하숙집의 단점 묻고 답하기	불편한 것 | 무엇이다?	여러 사람 | 같이 살다 + 사생활 | 간섭받다 + 불편한 점 | 있다
4. 기숙사의 장단점 말하기	기숙사 | 간섭하는 사람 | 없다 + 편하다 + 식사 | 사 먹어야 되다 + 불편하다	기숙사 | 살다 + 친구들 | 많이 사귀다?
5. 친구 사귈 기회 비교하기	글쎄요 친구들 | 바쁘다 + 자주 만나다 + 힘들다	하숙집 | 식사할 때 자주 보다 + 쉽게 사귀다
6. 자신의 생각 말하기	좋다 좋은 하숙집 | 알아보다	

표현

■ 하숙집과 기숙사 비교하여 질문하기

하숙집이 기숙사보다 나아요?
하숙집은 기숙사에 비해서 편해요?
하숙집이 기숙사보다 살기 좋아요?

■ 장단점이 모두 있음을 표현하기

장단점이 다 있죠.
장점도 있는데 단점도 있어요.
좋은 점도 있고 나쁜 점도 있어요.

대화

27

미셸 티엔 씨, 하숙집에서 살지요? 하숙집은 기숙사에 비해서 편해요?

티엔 글쎄요. 둘 다 장단점이 있어요. 그런데 왜요? 이사하려고요?

미셸 하숙집으로 옮기려고요.

티엔 하숙집은 식사 준비를 할 필요가 없어서 편해요.

미셸 그럼 불편한 건 뭐예요?

티엔 여러 사람이 같이 사니까 사생활을 간섭받아서 불편한 점도 있어요.

미셸 기숙사는 간섭하는 사람이 없어서 편한데 식사는 항상 사 먹어야 돼서 불편해요.

티엔 그런데 기숙사에서 살면 친구들을 많이 사귈 수 있어요?

미셸 글쎄요. 사실 친구들이 바빠서 자주 만나기는 힘들거든요.

티엔 그래요? 하숙집에서는 식사할 때 자주 보니까 쉽게 사귈 수 있어요.

미셸 그거 참 좋군요. 좋은 하숙집을 한번 알아봐야겠어요.

확장

여러분은 하숙집에서 원룸으로 이사를 가려고 합니다. 하숙집과 원룸의 장단점을 비교해 보세요.

	장점	단점
하숙집	친구를 많이 사귈 수 있다, 식사 준비를 할 필요가 없다	사생활을 간섭받을 수 있다, 공동 샤워실을 써야 하다
원룸	사생활을 간섭받지 않다, 개인 샤워실이 있어서 편하다	집값이 비싸다, 식사 준비를 해야 하다

· 장단점 · 옮기다 · 사생활 · 간섭받다 · 간섭하다 · 공동 · 샤워실 · 개인

읽고 써 봅시다

인터넷 게시판의 동네 소개 글 읽고 쓰기

01 여러분은 어디로 이사할지 정할 때 무엇을 가장 중요하게 생각합니까? 다음 아파트 중 어디가 마음에 듭니까? 왜 그렇습니까?

02 다음은 인터넷 게시판의 동네 소개 글입니다. 잘 읽고 물음에 답하세요. 28

Q 여의도로 이사 가려고 하는데 그곳은 살기 편한가요? 서울사람 10. 20

A 여의도, 정말 좋아요. 이사 오세요. 까만 별 10. 21

안녕하세요?

저는 여의도에 산 지 10년이 된 까만 별이라고 해요. 저는 대학교 때 여의도로 이사 와서 결혼한 후에도 직장 때문에 이곳에서 계속 살았어요. 처음 이사 왔을 때는 큰 슈퍼마켓이나 백화점이 없어서 불편했는데 요즘은 할인 마트도 생기고 근처에 백화점도 있어서 생활하기가 편해요.

또 저희 동네는 아파트보다 사무실이 많아요. 그런데 주말에는 쉬는 회사들이 많아서 복잡하지 않아요. 그리고 교통도 편해서 강남이나 강북으로 갈 때 지하철, 버스로 쉽게 이동할 수 있어요.

그리고 여의도공원과 한강시민공원은 아무 때나 가도 좋아요. 봄에는 불꽃놀이, 벚꽃놀이, 여름에는 시원한 분수, 가을에는 공원의 멋진 단풍, 겨울에는 한강에 내리는 눈을 볼 수 있거든요. 여의도에 대해 더 궁금한 게 있으시면 글을 올려 주세요.

- 게시판
- 이곳
- 동네
- 강남
- 강북
- 불꽃놀이
- 벚꽃놀이
- 분수
- 멋지다
- 계절
- 축제

(1) 까만 별이 사는 동네의 장점은 무엇입니까? 모두 고르세요.

① 주변이 깨끗하다. ② 교통이 편리하다. ③ 사람들이 친절하다.
④ 물건을 사기 편하다. ⑤ 주말에 복잡하지 않다.

(2) 맞는 것에 ✓표 하세요.

① 까만 별은 결혼 후부터 지금 동네에서 살기 시작했다. 네 ______ 아니요 ______
② 까만 별의 동네에는 계절마다 축제를 한다. 네 ______ 아니요 ______

03 여러분의 동네를 소개하는 글을 써 보세요.

(1) 여러분의 동네는 어떤 점에서 살기 편합니까? 여러분 동네의 장점을 간단하게 메모해 보세요.

Ⅰ. 내가 사는 동네 이름: ______

Ⅱ. 장점

1. ______
2. ______
3. ______
4. ______

(2) 위의 메모를 바탕으로 자신의 동네를 소개하는 글을 써 보세요.

문화

전세와 월세

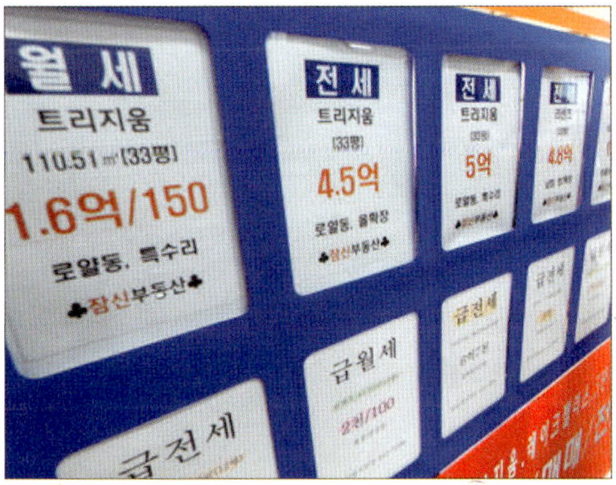

한국은 집값이 비싸서 자신의 집을 장만하기까지 시간이 많이 걸립니다. 그래서 사람들은 돈을 벌기 시작하면 계획을 세워 저축해 자신의 집을 장만합니다.

집을 마련하기 전까지는 보통 다른 사람의 집을 빌려서 삽니다. 집을 빌리는 방법은 두 가지가 있습니다. 히나는 전세이고 다른 하나는 월세입니다. 전세는 집을 빌리는 계약을 할 때 한꺼번에 많은 돈을 주고 1~2년 동안 사는 것을 말합니다. 전세 계약 기간이 끝나 이사를 가게 되면 그 돈은 다시 돌려받을 수 있습니다. 그 돈은 집의 위치, 크기에 따라 다르지만 보통 몇 천 만 원에서 몇 억 원까지 됩니다.

또 다른 하나는 월세입니다. 월세는 보증금을 내고 집세를 한 달에 한 번씩 내는 것을 말합니다. 이때도 이사갈 때 보증금을 주인에게 돌려받을 수 있습니다. 그러나 매달 내는 집세는 돌려받을 수 없습니다.

01 한국에서 집을 빌리는 방법에는 무엇이 있습니까? 전세와 월세는 어떤 차이가 있습니까?

02 여러분 나라에서는 어떤 방법으로 집을 빌립니까? 한국과 차이점은 무엇입니까? 서로 이야기해 보세요.

제5과

예약과 예매

제 5 과 예약과 예매

Part 1	준비합시나 1	-(으)ㄹ까 하다
	준비합시다 2	-는 대로
	준비합시다 3	-잖아요
	어휘	비행기에서
		영화관에서
Part 2	들어 봅시다	비행기 표 예약하는 대화 듣기
	말해 봅시다	전화로 식당 예약 확인하기
	읽고 써 봅시다	예매에 얽힌 일화 읽고 쓰기
	문화	예약과 할인

Part 1

준비합시다

01 -(으)ㄹ까 하다

29

여러분은 주말에 어떤 계획이 있습니까? 구체적이지 않은 막연한 계획을 말할 때 어떻게 말하면 좋을까요?

A 이번 주말에 뭘 할 거예요? 계획 있어요?

B 글쎄요. 친구들과 영화나 볼까 해요.

문법

V + (으)ㄹ까 하다

'-(으)ㄹ까 하다'는 어떤 행동을 아직 확실히 결정한 것은 아니나 그 행동을 할 마음이나 생각이 있음을 나타낼 때 사용한다.

자음 + 을까 하다　예 읽을까 하다, 찾을까 하다
모음, ㄹ + ㄹ까 하다　예 갈까 하다, 만들까 하다

연습

다음 사람들은 방학에 어떤 계획이 있는지 '-(으)ㄹ까 하다'를 사용해서 말해 보세요.

	이름	방학 계획	이유
보기	마이클	유럽 여행을 하다	유럽에 한 번도 안 가 봤다
①	소피	운전면허를 따다	서울에서 운전을 하고 싶다
②	장소이	도자기를 만들다	친구에게 선물하려고 하다
③	티엔	한국 시집을 읽다	시에 관심이 생겼다
④	미셸	아르바이트를 하다	좋은 하숙집으로 이사하고 싶다
⑤	왕카이	악기 동아리에 가입하다	요즘 기타를 배우고 있다

· 시집

A 마이클 씨, 이번 방학에 뭘 할 거예요?

B 유럽 여행을 할까 해요. 유럽에 한 번도 안 가 봤거든요.

02 –는 대로

30

회의를 시작하려고 하는데 아직 몇 사람이 안 왔습니다. 사람들이 오면 바로 회의를 시작하려고 할 때 어떻게 말하면 좋을까요?

A 회의는 언제 시작해요?

B 사람들이 모두 도착하는 대로 시작하겠습니다.

문법

V + 는 대로

'–는 대로'는 앞에 어떤 동작이나 상태가 나타나는 '즉시'의 뜻을 나타낼 때 사용한다.

자음 + 는 대로 　 예 받는 대로
모음, ㄹ + 는 대로 　 예 가는 대로, 만드는 대로

연습

다음 사람들은 일을 어떤 순서로 할까요? '–는 대로'를 사용해서 말해 보세요.

	이름	일의 진행		
보기	마이클	공항에 도착하다	→	부모님께 전화하다
①	이치로	자료를 찾다	→	보고서를 작성하다
②	장소이	수업이 끝나다	→	은행에 들르다
③	프랑크	장소를 예약하다	→	약속 장소를 알려 주다
④	왕카이	사진을 정리하다	→	친구에게 사진을 보내 주다
⑤	나타샤	학생증을 만들다	→	도서관에 책을 빌리러 가다

A 마이클 씨, 언제 부모님께 전화할 거예요?

B 공항에 도착하는 대로 전화할 거예요.

· 작성하다

03 –잖아요

31

친구들과 함께 파티를 준비하고 있습니다. 다른 사람도 알고 있는 내용을 확인하듯이 말할 때 어떻게 말할까요?

A 제가 음료수를 준비할까요?

B 음료수는 좀 무겁잖아요. 제가 가지고 올게요.

문법

A/V + 잖아요

'–잖아요'는 어떤 상황에 대해 말하는 사람이 상대방에게 확인하거나 정정해 주듯이 말할 때 사용한다.

A 자음 + 잖아요 예 작잖아요　　모음 + 잖아요 예 예쁘잖아요

V 자음 + 잖아요 예 먹잖아요　　모음 + 잖아요 예 가잖아요

연습

친구에게 어떤 선물을 하는 게 좋을까요? 선물을 선택한 이유를 '–잖아요'를 사용해 말해 보세요.

	선물 받을 사람	제안하는 선물	제안 이유
보기	진차오	티셔츠 (와이셔츠)	진차오 씨가 회사에 취직했다
①	미셸	과일 (케이크)	미셸 씨가 케이크를 좋아하다
②	나타샤	(손수건) 귀걸이	나타샤 씨가 좋아하는 취향을 모르다
③	티엔	구두 (운동화)	티엔 씨는 평소에 캐주얼을 즐겨 입다
④	율리아	향수 (화장품)	율리아 씨는 향수를 별로 사용하지 않다
⑤	왕카이	(지갑) 선글라스	왕카이 씨는 얼마 전에 선글라스를 샀다

A 진차오 씨에게 어떤 선물을 주면 좋을까요? 티셔츠는 어때요?

B 티셔츠보다 와이셔츠를 선물하는 게 좋겠어요. 진차오 씨가 회사에 취직했잖아요.

A 그럼 와이셔츠를 선물하기로 해요.

· 귀걸이
· 취향
· 평소
· 캐주얼
· 즐겨 입다
· 선글라스

어휘

비행기에서

32

인천발 뉴욕행

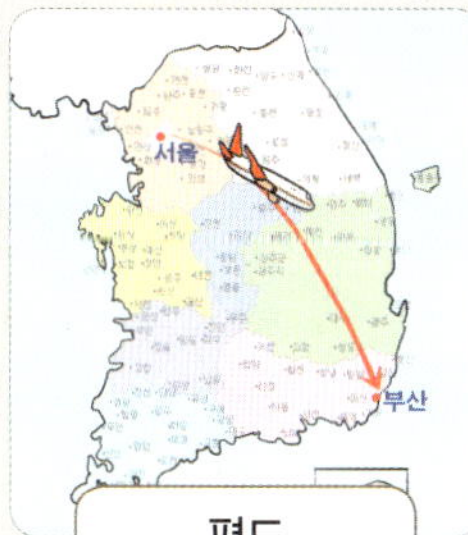

편도

왕복

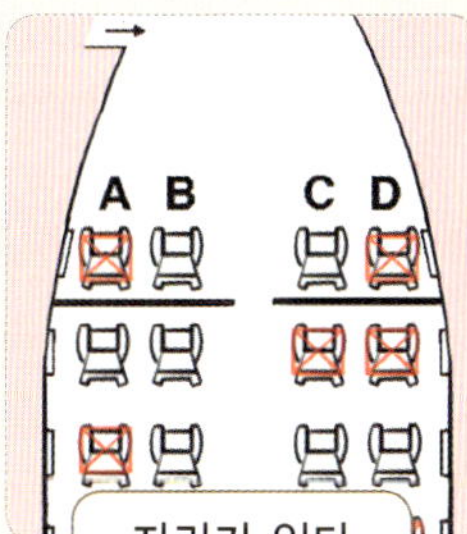

자리가 있다

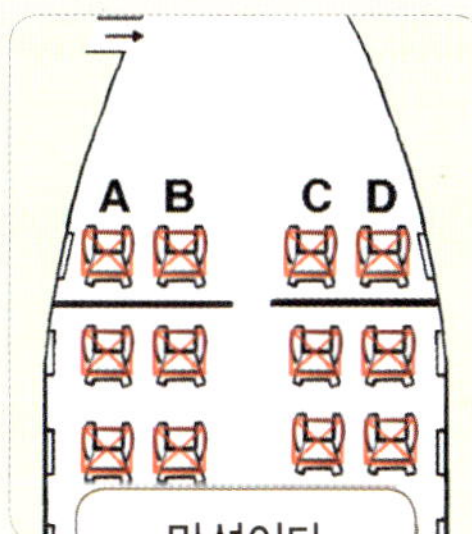

만석이다

대기자 명단에 올리다

영화관에서

관람객

매표소

상영 시간

Part 2

들어 봅시다

비행기 표 예약하는 대화 듣기

01 미셸 씨는 지금 어디에 전화를 하고 있습니까? 왜 그곳에 전화를 했을까요? 서로 이야기 해 보세요.

02 다음은 미셸 씨와 항공사 직원의 대화입니다. 잘 듣고 물음에 답하세요. 33

(1) 미셸 씨가 처음에 원했던 날짜로 비행기 표를 예약하지 <u>못한</u> 이유는 무엇입니까?

① 그날 비행기 표가 비싸서

② 출발하는 비행기가 없어서

③ 그날 좌석이 모두 예약돼서

(2) 미셸 씨가 예약한 출발 날짜와 도착 날짜는 어떻게 됩니까?

① 9월 4일, 9월 23일

② 9월 6일, 9월 25일

③ 9월 10일, 9월 24일

(3) 맞는 것에 ✓표 하세요.

① 9월 4일보다 6일 비행기 표가 더 싸다. 네 ____ 아니요 ____

② 좌석이 생기면 대기자에게 전화와 문자를 할 것이다. 네 ____ 아니요 ____

③ 미셸 씨는 돌아오는 비행기 표를 대기자 명단에만 이름을 올렸다. 네 ____ 아니요 ____

· 좌석

말해 봅시다

전화로 식당 예약 확인하기

식당에 전화를 해서 예약을 확인하려고 합니다. 예약된 내용을 확인하고 다른 궁금한 내용도 물어보세요.

Try it! 말풍선을 따라 대화를 구성해 보세요.

	직원 예약을 확인하러 전화한 손님에게 예약 상황을 알려 주세요.	나타샤 전화로 식당의 예약을 확인하고 다른 궁금한 것을 물어보세요.
1. 용건 말하기	이화 호텔 뷔페이다	다음 주 수요일 오후 6시 | 식사 예약을 했다 + 확인하다 + 전화했다
2. 예약자 이름 확인하기	어느 분 성함 | 예약 | 하셨다?	나타샤이다
3. 예약 인원과 생일 케이크 준비 묻기	예약자 명단 | 있다 모두 5명 맞다?	○ 케이크 | 준비해 주실 수 있다? 생일인 친구 | 있다
4. 생일 케이크 준비 부탁하기	미리 말씀하시다 + 케이크 | 서비스 | 준비해 드리다	부탁드리다 주차 | 몇 시간? 차 | 가지고 가다
5. 인사하기	3시간 무료 주차되다 계산하다 + 주차권 | 보여 주시다 + 도장 | 찍어 드리다	알겠다 감사하다

표현

■ 예약자 이름 묻고 답하기

A: 누구 이름으로 예약을 했어요?/
예약자 성함이 어떻게 되십니까?/
어느 분 성함으로 예약을 하셨어요?

B: 나타샤입니다./
티엔으로 예약했습니다./
이화 사진 동아리로 찾아봐 주시겠어요?

대화

34

직원 이화 호텔 뷔페입니다.

나타샤 다음 주 수요일 오후 6시에 식사 예약을 해서 확인하려고 전화했습니다.

직원 어느 분 성함으로 예약을 하셨어요?

나타샤 나타샤입니다.

직원 네. 예약자 명단에 있습니다. 모두 5명 맞으시죠?

나타샤 네. 그런데 케이크를 준비해 주실 수 있으세요? 생일인 친구가 있어서요.

직원 미리 말씀하시면 케이크를 서비스로 준비해 드립니다.

나타샤 그럼 부탁드릴게요. 그런데 주차는 몇 시간 됩니까? 제가 차를 가지고 갈까 하거든요.

직원 3시간 무료 주차됩니다. 계산할 때 주차권을 보여 주시면 도장을 찍어 드립니다.

나타샤 알겠습니다. 감사합니다.

확장

식당에 예약 확인을 하려고 합니다. 예약된 내용이 맞는지 확인하고 궁금한 것도 물어보세요.

	확인 내용
예약 시간	토요일 점심으로 예약했다
예약자 이름	최지숙
예약 인원	2명
궁금한 것	창가 자리에 앉다, 쿠폰을 가져가면 10% 할인되다

· 뷔페 · 성함 · 명단

읽고 써 봅시다

예매에 얽힌 일화 읽고 쓰기

01 여러분은 보통 어떤 경우에 예매나 예약을 합니까?

02 다음은 예매에 얽힌 일화를 소개한 글입니다. 잘 읽고 물음에 답하세요. 35

창피한 실수

A 영화나 음악회를 보러 갈 때 나는 항상 예매를 한다. 예매를 하면 원하는 시간에 볼 수 있기 때문이다. 그런데 가끔 착각을 해서 예매를 잘못 할 때가 있다.

B 우리가 영화관 앞에 도착했을 때 표를 사려는 사람들이 매표소 앞에 많았다. 여자 친구는 그 사람들을 보고 "이 영화가 인기가 많은 것 같아요."라고 말하면서 좋아했다. 나도 기분이 좋았다. 우리는 사람들 사이를 뚫고 영화관 입구에 있는 매표소로 갔다.

C 그리고 매표소 직원에게 예약 번호를 보여 주었다. 그런데 직원이 나에게 "손님이 예약하신 영화는 11시에 시작하는 겁니다. 상영 시간이 지나서 들어갈 수 없습니다." 라고 말했다. 나는 깜짝 놀라서 "네? 뭐라고요?"라고 말하고 다시 확인해 보았다. 정말 11시 영화였다. 11시 영화를 2시로 착각한 것이었다. 여자 친구는 나에게 "어떻게 그걸 모를 수 있어요? 그리고 30분이나 걸어 왔잖아요. 그런데 이게 뭐예요?"라고 말했다. 나는 여자 친구에게 할 말이 없었다. 너무 창피한 날이었다.

D 그리고 약속한 날 식당에서 여자 친구를 만났다. 우리는 점심을 먹으면서 학교 이야기, 텔레비전 프로그램 이야기 등 많은 이야기를 했다. 점심 식사 후 우리는 영화관까지 버스를 타는 대신에 이야기하면서 걸어갔다.

E 몇 달 전 나는 한국 여자 친구를 소개받았다. 어느 날 나는 여자 친구와 영화를 보기로 했다. 그래서 나는 영화표를 미리 예매하려고 했다. 그런데 인터넷으로만 예매해야 해서 컴퓨터를 잘하는 친구에게 물어서 예약 번호를 받았다. 11시 영화를 예매할까 하다가 점심을 먹고 영화를 보는 게 좋을 것 같아서 오후 2시 영화를 예매했다.

- 착각을 하다
- 뚫다
- 붐비다

(1) 글의 순서를 맞춰 보세요.

(A) → (   ) → (   ) → (   ) → (   )

(2) 다음 중 글의 내용에 맞는 것은 무엇입니까? 모두 고르세요.

① 나는 이 여자 친구를 1년 동안 만났다.

② 영화관 앞은 표를 사려는 사람들로 붐볐다.

③ 우리는 영화관까지 버스를 타지 않고 걸어갔다.

④ 나는 11시 표를 예매하고 나서 2시 표로 착각했다.

⑤ 영화관 직원이 우리를 도와주어서 2시 영화를 볼 수 있었다.

03 여러분이 실수한 이야기를 써 보세요.

(1) 여러분은 어떤 일을 하는 방법을 모르거나 착각해서 실수한 적이 있습니까? 여러분의 경험을 간단하게 메모해 보세요.

Ⅰ. 들어가는 말: ______________________________

____

Ⅱ. 실수한 경험 소개

1. 상황 설명: ______________________________

____

2. 실수한 사건에 대한 설명: ______________________________

____

Ⅲ. 맺는 말: ______________________________

____

(2) 위의 메모를 바탕으로 자신의 실수에 대한 이야기를 써 보세요.

문화

예약과 할인

물건이나 비행기표, 기차표 등을 살 때 예약 할인 제도를 이용하면 저렴하게 살 수 있습니다. 비행기 표는 출발일로부터 3개월 전에 표를 사면 정상 가격보다 10~40%까지 저렴하게 구입할 수 있습니다. 고속철도(KTX)도 출발일보다 1개월 전에 예매하면 10~20% 싸게 탈 수 있습니다. 유명한 관광지의 리조트는 약 3개월 전에 예약하면 할인을 해 주고 여행사의 여행 상품을 예약할 때도 1~2개월 전에 예약하면 최고 10%까지 할인을 받을 수 있습니다. 이처럼 예약 제도를 이용하면 저렴한 가격으로 최고의 효과를 볼 수 있습니다.

01 예약 할인 제도는 무엇입니까? 이 제도를 이용할 수 있는 경우를 구체적으로 이야기해 보세요.

02 여러분 나라에도 미리 예약을 하면 할인해 주는 경우가 있습니까? 어떤 경우입니까? 없다면 어떤 경우에 하면 좋을까요?

제6과

안부와 소식

제6과 안부와 소식

Part 1

준비합시다 1	반말
준비합시다 2	아무도, 아무것도, 아무 데도
준비합시다 3	-아/어지다
어휘	안부
	연락 방법

Part 2

들어 봅시다	모임 알리는 음성 메시지 듣기
말해 봅시다	옛 친구와 추억 말하기
읽고 써 봅시다	감사의 편지 읽고 쓰기
문화	우체국 마크의 의미

Part 1

준비합시다

01 반말

여러분은 윗사람에게 말할 때 높임말을 사용하지요? 그러면 친한 친구와 이야기할 때는 어떻게 말할까요?

A 작년에 같이 공부했던 크리스 기억나?

B 응, 기억나.

A 오늘 크리스하고 만나기로 했어. 시간 되면 같이 가자.

문법

반말

'반말'은 가까운 친구나 아랫사람에게 말할 때 사용한다. 평서형 '갑니다', '가요'는 '가'로 쓴다. 의문형 '갑니까?', '가요?'는 '가?'로, 청유형 '갑시다'는 '가자', 명령형 '가십시오'는 '가'로 쓴다. 이름을 부를 때 '민호 씨', '수진 씨'는 '민호야', '수진아'로 말하고 대답할 때 '네', '아니요'는 '응', '아니'로 말한다.

	평서형(갑니다, 가요)	의문형(갑니까?, 가요?)	청유형(갑시다)	명령형(가십시오)
가다	가	가?	가자	가
먹다	먹어	먹어?	먹자	먹어

연습

다음에서 알맞은 단어를 골라 반말로 대화를 완성하세요.

피우다 · 만들다 · 선물하다 · 좋아하다 · 먹지 말다

보기 A: 선배, 여기에서 담배를 피워도 돼요?
B: 안 돼. 밖에 나가서 피워.

① A: 언니, 삼계탕은 뭐로 만들어요?
B: 삼계탕은 닭고기로 ______________.

② A: 너는 어떤 케이크를 ______________?
B: 난 케이크를 안 좋아해.

③ A: 선배, 이 샌드위치 먹어도 돼요?
B: 안 돼. 오래됐으니까 ______________.

④ A: 오빠, 엄마 생신에 무엇을 선물할까?
B: 꽃바구니를 ______________.

· 꽃바구니

02 아무도, 아무것도, 아무 데도

37

여러분이 새로 이사 와서 동네에 아는 사람이 전혀 없습니다. 이를 어떻게 말하면 좋을까요?

A 동네 사람 중에서 아는 사람이 있어요?

B 아니요. 이사한 지 얼마 안 돼서 아무도 몰라요.

문법

아무도, 아무것도, 아무 데도……

'아무도', '아무것도', '아무 데도'는 어떤 사람이나 물건, 장소를 특별히 정하지 않고 이르는 말이다. 뒤에 부정적인 표현과 같이 쓴다.

아무 + 도 → 아무도　　아무 + 것도 → 아무것도　　아무 + 데도 → 아무 데도

연습

여러 가지 중에서 어느 것도 가능하지 않다고 대답하고 싶을 때 어떻게 말할까요? '아무도', '아무것도', '아무 데도' 등을 사용해서 말해 보세요.

물어볼 내용	대답
보기 이사 가는 걸 하숙집 아주머니나 같은 방 친구에게 말했다	두 사람을 다 못 만났다 / 말하지 못했다
① 집들이 선물로 가루비누나 휴지를 준비했다	시간이 없다 / 준비 못 했다
② 한국에서 부산이나 제주도에 여행 가 봤다	일이 너무 많다 / 못 가 봤다
③ 얀 씨 생일을 다른 사람이 알고 있었다	얀 씨가 말하지 않았다 / 몰랐다
④ 담배를 교실이나 휴게실에서 피울 수 있다	학교는 금연 구역이다 / 담배를 피울 수 없다
⑤ 약속 시간이 바뀐 걸 마이클 씨나 티엔 씨에게서 연락받았다	오늘 휴대 전화를 안 가져왔다 / 전화 못 받았다

금연 구역

A 이사 가는 걸 하숙집 아주머니나 같은 방 친구에게 말했어요?

B 아니요. 두 사람을 다 못 만나서 아무에게도 말하지 못했어요.

03 –아/어지다

11월보다 12월이 더 춥지요? 날씨가 점점 변하는 상황을 말할 때 어떻게 말할까요?

A 이치로 씨, 요즘 너무 춥지 않아요?

B 네. 그런데 12월이 되면 더 추워질 거예요.

문법

A + 아/어지다

'–아/어지다'는 점점 어떠한 상태로 됨을 나타낼 때 사용한다.

어간 'ㅏ', 'ㅗ' + 아지다 예 작아지다, 좋아지다
그 밖의 어간 + 어지다 예 적어지다, 예뻐지다

연습

다음은 10년 전의 도시와 현재의 도시를 비교한 그림입니다. '–아/어지다'를 사용해서 달라진 것을 말해 보세요.

높다 · 많다 · 나쁘다 · 넓다 · 적다

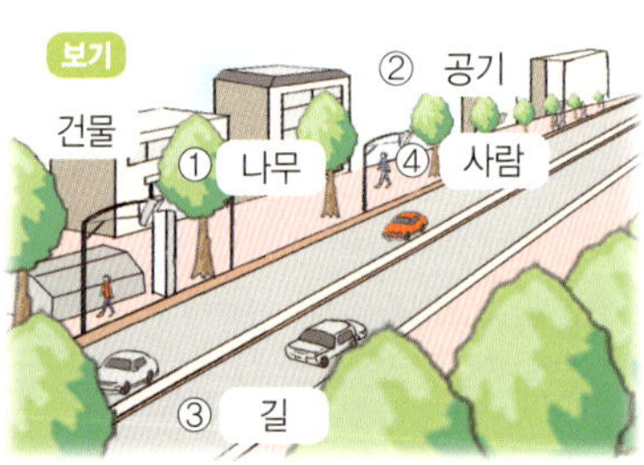

10년 전

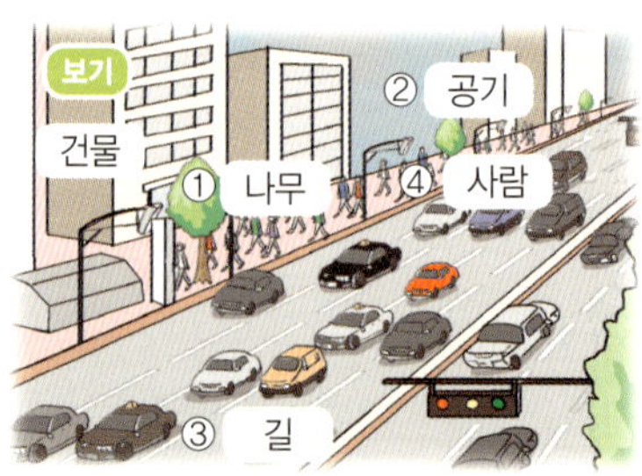

현재

이 건물은 10년 전에 비해서 높아졌습니다.

어휘

안부

39

안부를 묻다

안부가 궁금하다

안부를 전하다

안부 전화를 하다

안부 문자를 보내다

안부 편지를 쓰다

연락 방법

메모를 남기다

음성 메시지를 남기다

팩스를 보내다

Part 2

들어 봅시다

모임 알리는 음성 메시지 듣기

01 다음 사람들은 무엇에 대해 이야기하고 있을까요? 서로 이야기해 보세요.

02 다음은 모임을 알리는 음성 메시지입니다. 잘 듣고 물음에 답하세요. 40

(1) 친구들이 만나는 이유로 맞지 않는 것은 무엇입니까?

① 친구의 결혼을 축하하기 위해서

② 오랜만에 친구가 한국에 놀러 와서

③ 고향에 돌아가는 친구의 송별회를 하기 위해서

(2) 친구들과 만나서 할 일은 무엇입니까? 모두 고르세요.

① 저녁 식사하기 ② 결혼식장에 가기 ③ 기숙사 구경하기

④ 학교 캠퍼스 구경하기 ⑤ 선생님께 인사 드리러 가기

(3) 율리아 씨가 샐리 씨에게 보낸 문자 메시지는 무엇입니까?

①
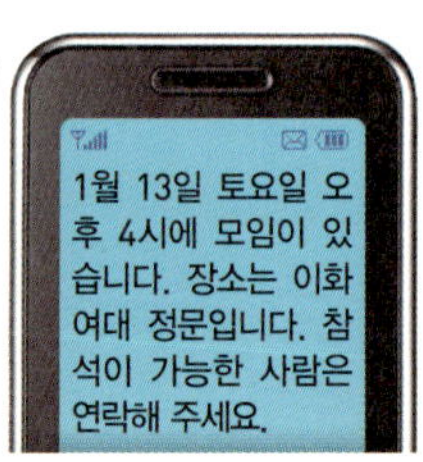

②

③

- 결혼식장
- 문자 메시지
- 참석하다

말해 봅시다

옛 친구와 추억 말하기

같이 한국어를 공부했던 친구를 오랜만에 만났습니다. 그때 어떤 일이 있었습니까? 친구와 함께했던 학창시절의 추억을 이야기해 보세요.

Try it!

말풍선을 따라 대화를 구성해 보세요.

	율리아 오랜만에 만난 친구에게 인사를 하고 옛 추억에 대해서 이야기해 보세요.	샐리 한국어를 배울 때 있었던 일과 선생님에 대해서 이야기해 보세요
1. 인사하기	오랜만이다 그동안 잘 지냈다?	잘 지냈다 정말 반갑다
2. 문화 수업에 대한 추억 말하기	우리 | 마지막으로 본 게 작년 수료식이었다? 그날 친구들 | 헤어질 때 섭섭했다 우리 반 친구들 모두 친했다	○ 문화 수업 | 장구 공연 | 보러 갔을 때 생각나다? 공연 | 끝나다 + 무대 위 | 올라가다 + 장구 | 배웠다?
3. 문화 수업에 대한 다른 추억 말하기	생각나다 너 | 민속촌 | 가다 + 길 | 잃어버렸다 너 | 찾다 + 방송 | 했다	○ 나 | 정말 당황했다
4. 선생님에 대한 추억 말하기	그때 선생님 | 걱정 많이 하셨다 조수미 선생님이셨다?	○ 한국 문화에 대해 아무것도 모르다 + 우리 | 재미있다 + 한국 문화 | 알려 주셨다
5. 그리움 말하기	그때 기억 | 생생하다	그때 | 그립다

표현

■ 그리움 말하기

그때가 그리워.
그땐 정말 좋았었어.
그때 기억이 생생하네.
그때로 돌아가고 싶어.
그 기억은 잊을 수 없어.
그 일은 아직도 기억에 남아.

대화

41

율리아 샐리야, 오랜만이야. 그동안 잘 지냈어?
샐리 응, 잘 지냈어. 정말 반가워.
율리아 우리가 마지막으로 본 게 작년 수료식이었지? 그날 친구들과 헤어질 때 섭섭했어. 우리 반 친구들 모두 친했잖아.
샐리 그래, 맞아. 문화 수업에서 장구 공연을 보러 갔을 때 생각나? 공연이 끝나고 우리 모두 무대 위에 올라가서 장구도 배웠지?
율리아 응, 생각나. 그리고 넌 민속촌에 가서 길도 잃어버렸잖아. 그래서 널 찾는 방송도 했고.
샐리 응, 나도 정말 당황했어.
율리아 그때 선생님께서도 걱정 많이 하셨어. 조수미 선생님이셨지?
샐리 맞아. 그 선생님 수업이 정말 재미있었어. 한국 문화에 대해 아무것도 모르는 우리에게 재미있는 한국 문화를 많이 알려 주셨잖아.
율리아 아! 정말 그때 기억이 생생하네.
샐리 그래. 그때가 그리워.

확장

여러분은 지금부터 5년 후에 동창회에서 2급에서 같이 공부했던 친구를 만났습니다. 같이 공부했을 때 기억에 남았던 일과 그때 친구들에 대해서 서로 이야기해 보세요.

한국어 수업		앞에 나와서 말하기를 발표했다 말하기 시험을 볼 때 긴장했다
문화 수업		불고기와 김치를 만들었다
우리 반 친구들	하이안	지각을 많이 했다
	장소이	쉬는 시간마다 김밥을 먹었다
	이치로	코미디언처럼 재미있는 말을 많이 했다

· 수료식 · 섭섭하다 · 장구 · 무대 · 당황하다 · 기억 · 생생하다

읽고 써 봅시다

감사의 편지 읽고 쓰기

01 여러분은 한국에 살면서 기억에 남는 사람과 일이 있습니까?

02 다음은 장소이 씨가 하숙집 아주머니께 쓴 편지입니다. 잘 읽고 물음에 답하세요. 42

하숙집 아주머니께

아주머니, 안녕하세요? 잘 지내고 계시지요? 한국도 날씨가 많이 추워졌지요? 아주머니 안부도 궁금하고 부탁드릴 것도 있어서 편지를 써요.

저는 중국에 돌아와서 취직을 했어요. 제가 다니는 회사는 무역회사예요. 한국과 무역을 하기 때문에 한국어를 많이 사용해요. 이곳 생활은 아주 바쁘고 정신이 없어요.

그렇지만 가끔 한국 생활이 그리워질 때가 있어요. 아주머니께서 외롭지 않게 잘해 주셨고 친구들도 친절해서 유학 생활이 즐거웠어요. 특히 제가 몸살 나서 많이 아팠을 때 아주머니께서 병원에 같이 가 주신 것이 기억나요. 그리고 아파서 아무것도 못 먹는 저에게 아주머니께서 죽을 만들어 주신 것도 잊을 수 없을 것 같아요. 또 생일날 끓여 주신 미역국은 지금도 생각이 나요. 아주머니 덕분에 일 년 동안 외롭지 않게 지냈어요. 정말 감사합니다.

그런데 아주머니, 죄송하지만 부탁이 하나 있어요. 혹시 제 앞으로 온 우편물이 있나요? 이번에 제 친구가 중국으로 오거든요. 하숙집에 제 우편물이 있으면 가지고 와 주기로 했어요. 그 친구가 하숙집에 가면 좀 전해 주시겠어요? 그럼 부탁드릴게요.

아주머니, 건강하시고 베이징으로 놀러 오실 때 저에게 꼭 연락하세요. 제가 안내해 드릴게요. 안녕히 계세요.

1월 30일, 장소이 드림

- 그립다
- 외롭다
- 미역국
- 우편물
- 베이징
- 입사하다

(1) 장소이 씨가 편지를 쓴 이유가 아닌 것은 무엇입니까?

① 아주머니의 안부가 궁금해서　　② 우편물 전달을 부탁하기 위해서

③ 아주머니께 한국 음식을 부탁하기 위해서

(2) 맞는 것에 ✔표 하세요.

① 장소이 씨는 한국 생활을 그리워하고 있다. 네 ____ 아니요 ____

② 하숙집 아주머니는 베이징으로 관광올 계획이다. 네 ____ 아니요 ____

③ 장소이 씨는 한국에 있는 무역회사에 입사하였다. 네 ____ 아니요 ____

03 감사한 마음을 전하고 싶은 친구에게 편지를 써 보세요.

(1) 여러분은 친하게 지내던 친구에게 여러분의 소식과 안부를 전하려고 합니다. 특별히 친구에게 고마웠던 일을 중심으로 메모해 보세요.

________에게

Ⅰ. 인사: ________________

____

Ⅱ. 용건: ________________

____

Ⅲ. 자기 소식: ________________

____

Ⅳ. 감사 내용

1. ________________

____

2. ________________

____

Ⅴ. 맺는 말: ________________

____

○ 월 ○ 일, ________

(2) 위 메모를 바탕으로 친한 친구에게 반말로 편지를 써 보세요.

문화

우체국 마크의 의미

1900~1905 1945~1957 1957~1983 1984~현재

우리는 소식을 전할 때 전화, 인터넷의 이메일, 편지 등을 사용합니다. 이 중에서 옛날이나 지금이나 사람들이 애용하고 있는 것은 편지입니다. 이런 편지를 배달해 주는 일을 하는 곳이 우체국입니다.

여러분은 우체국 마크를 본 적이 있습니까? 그것이 무엇을 상징하고 있는지 알고 있습니까? 현재 우체국 마크는 제비를 모델로 해서 만들었습니다. 제비는 옛날부터 좋은 소식을 가져다주는 새이며 빠르게 날기 때문에 신속하게 소식을 알려 주는 의미도 있습니다. 이것은 우편물을 받는 사람들에게 빠르게 배달하겠다는 우체국의 이미지를 부각시킨 것입니다. 우체국 마크 안에는 세 마리의 제비가 있는데 각각 신속, 정확, 친절의 뜻을 가지고 있습니다. 여러분 나라의 우체국 마크는 어떤 의미를 가지고 있습니까?

01 우체국 마크에 있는 새는 무엇입니까? 왜 그것을 우체국 마크로 선정했습니까?

02 여러분 나라의 우체국은 마크가 있습니까? 어떤 모양입니까? 서로 이야기해 보세요.

듣기 지문 및 정답

1과

들어 봅시다

장소이 정민 씨, 졸업을 축하해요.

이정민 고마워요. 참, 지난번에 제가 장소이 씨에게 소개해 주기로 한 철수 씨가 오늘 졸업식에 왔어요. 저기 나무 옆에 있는 사람이에요.

장소이 양복을 입고 넥타이를 맨 사람이에요?

이정민 아니요. 그 사람은 제 선배예요. 양복을 입은 사람이 아니라 면바지에 셔츠를 입고 안경을 쓴 사람이 철수 씨예요. 멋있게 생겼지요?

장소이 네? 정민 씨는 저 사람이 멋있어요? 저는 아닌 것 같아요.

이정민 그래요? 그럼 장소이 씨는 여기 온 사람 중에서 누가 마음에 들어요?

장소이 글쎄요. 저는 의자 뒤에 있는 사람이 괜찮은 것 같아요.

이정민 누구요? 꽃다발을 들고 있는 남자요?

장소이 네. 모델처럼 키도 크고 옷도 멋있게 입었어요. 그리고 이야기도 재미있게 하는 것 같아요.

이정민 아, 민호 씨요? 민호 씨는 벌써 여자 친구가 있어요.

2. (1) ② (2) ② (3) ②

읽고 써 봅시다

2. (1) (C) ⇨ (B) ⇨ (D) (2) ① 아니요 ② 아니요

(3) 외모: 키가 크지 않고 얼굴도 잘생기지 않았습니다.

옷차림: 어울리지 않는 노란색 셔츠를 입고 있습니다.

성격: 아주 친절합니다.

2과

들어 봅시다

박영민 마이클 씨, 다음 주가 설날인데 무슨 계획 있어요?

마이클 아니요, 아직 없어요. 영민 씨는요?

박영민 저는 부모님 댁에 갈 거예요.

마이클 좋겠군요. 그런데 한국 사람들은 설날에 보통 뭐 해요?

박영민 설날에는 가족들이 모두 모여요. 아침에 차례를 지내고 나서 떡국을 먹어요. 그리고 부모님께 세배도 해요.

마이클 세배요? 그게 뭐예요?

박영민 새해 인사로 할아버지와 할머니, 부모님에게 절을 하는 거예요. 그리고 절을 하면서 "새해 복 많이 받으세요."라고 말해요.

마이클 그렇군요.

박영민 마이클 씨, 설날에 다른 계획이 없으면 우리 집에 놀러 올래요?

마이클 정말 그래도 돼요?

박영민 그럼요. 제가 마이클 씨 이야기를 했을 때부터 우리 가족들도 마이클 씨를 보고 싶어 했어요. 맛있는 것도 먹고 같이 윷놀이도 해요.

마이클 초대해 줘서 고마워요. 꼭 갈게요.

2. (1) ③ (2) ① (3) ① 네 ② 아니요 ③ 네

읽고 써 봅시다

2. (1) ② (2) ① 네 ② 네 ③ 아니요 (3) 2, 4, 3

3과

들어 봅시다

안녕하세요? 아침 교통 정보입니다.

지금 이 시각 안개 때문에 길이 많이 막힙니다. 특히 김포공항 방향 올림픽대로가 가장 많이 막힙니다. 올림픽대로 대신에 강변북로로 가시는 것이 좋겠습니다. 또 부산 방향 경부고속도로로 들어가자마자 고장 난 차가 서 있습니다. 그래서 많은 차들이 경부고속도로로 들어가려고 하다가 다른 길로 돌아가고 있습니다. 경부고속도로에 있는 서초 인터체인지가 가장 많이 막히니까 서초 인터체인지 대신에 양재 인터체인지로 가시는 것이 좋겠습니다.

오늘 오후에는 서울 시청 앞에서 행사가 있습니다. 따라서 오후부터 시청 주변의 길을 막을 겁니다. 시청 쪽으로 가시는 분들은 참고하십시오.

안전 운전 하시기 바랍니다. 지금까지 교통 방송 이진희였습니다.

2. (1) ② (2) 서초 인터체인지 (3) ① 아니요 ② 네 ③ 아니요

읽고 써 봅시다

2. (1) ① (2) ① 아니요 ② 아니요 ③ 네

4과

들어 봅시다

중개인 어서 오십시오. 뭘 찾으십니까?
미셸 학교 근처의 오피스텔을 찾고 있어요.
중개인 여기 앉으세요. 어느 정도 크기를 찾으십니까?
미셸 방 두 개 정도면 돼요. 친구와 살 거거든요.
중개인 그래요? 좋은 게 하나 있습니다. 방 두 개에 부엌, 화장실이 있는 겁니다. 학교 근처인데 주변에 할인 마트도 있어서 생활하기 편하실 겁니다.
미셸 괜찮네요. 가격은 어떻게 됩니까?
중개인 전세로 하면 5,000인데 월세로 하면 3,000에 50만 원입니다.
미셸 생각보다 비싸군요.
중개인 지하철역하고 가까워서 가격이 좀 높습니다.
미셸 그런데 이사는 언제 갈 수 있습니까?
중개인 아무 때나 가능합니다. 이전 사람이 지난주에 이사 가서 지금 아무도 살지 않거든요. 지금 가 보시겠습니까?
미셸 아니요. 친구와 의논한 후에 다시 오겠습니다.

2. (1) ② (2) ③ (3) ① 아니요 ② 아니요 ③ 네

읽고 써 봅시다

2. (1) ②, ④, ⑤ (2) ① 아니요 ② 아니요

5과

들어 봅시다

직원 이화항공입니다. 뭘 도와드릴까요?
미셸 9월 4일에 뉴욕으로 가는 항공편을 예약할까 합니다.
직원 손님, 죄송합니다. 그날 뉴욕행 항공편은 모두 만석입니다. 9월 10일에 가셔도 되면 그때 표는 있습니다.
미셸 그래요?
직원 그리고 6일 이후에 하시면 요금도 좀 쌉니다. 10일로 해 드릴까요?
미셸 네. 그리고 9월 25일이나 26일에 돌아오는 것도 예약해 주세요.
직원 죄송하지만 둘 다 자리가 없습니다.
미셸 주말이라서 그렇군요. 그러면 24일, 금요일은 자리가 있어요?

직원 네, 있습니다.
미셸 그럼 25일은 대기자 명단에 올려 주시고, 24일 것은 예약해 주세요.
직원 알겠습니다. 25일에 오는 항공편에 좌석이 생기는 대로 전화와 문자로 연락을 드리겠습니다.
미셸 네, 알겠습니다.
직원 9월 10일에 출발해서 24일에 돌아오는 걸로 예약이 완료되었습니다.
미셸 네, 감사합니다.

2. (1) ③ (2) ③ (3) ① 네 ② 네 ③ 아니요

읽고 써 봅시다

2. (1) (A) ⇨ (E) ⇨ (D) ⇨ (B) ⇨ (C) (2) ②, ③, ④

6과

들어 봅시다

음성 메시지가 하나 있습니다.
샐리야, 안녕? 잘 지냈어? 나 율리아야. 전화를 받지 않아서 음성 메시지 남겨. 다른 게 아니라 이화여대에서 같이 공부한 친구들과 모이기로 해서 전화했어.
신지와 리에 기억나지? 1급에서 같이 공부했잖아. 두 사람이 다음 달 2월 23일에 일본에서 결혼해. 결혼하기 전에 다음 주에 한국에 놀러 오는 거야. 만나서 두 사람 결혼을 축하해 주자. 그리고 지난달에 취직한 제임스도 오랜만에 볼 수 있어.
만나서 우리를 가르쳐 주신 선생님께 인사 드리러 갈 거야. 그리고 학교 캠퍼스도 구경하고 저녁 식사도 할 거야. 다른 친구들도 많이 오기로 했으니까 꼭 와. 1월 13일 토요일 오후 4시야. 알겠지? 문자 메시지로도 다시 보내 줄게. 그때 보자.

2. (1) ③ (2) ①, ④, ⑤ (3) ①

읽고 써 봅시다

2. (1) ③ (2) ① 네 ② 아니요 ③ 아니요

지은이 소개

이정란 전 이화여자대학교 언어교육원 특임교수

이민경 이화여자대학교 언어교육원 특임교수

황선영 전 이화여자대학교 언어교육원 선임강사

장세영 이화여자대학교 언어교육원 강사

황윤정 이화여자대학교 언어교육원 강사

강여림 전 이화여자대학교 언어교육원 강사

김미영 전 이화여자대학교 언어교육원 강사

김현진 이화여자대학교 언어교육원 특임교수

박은선 전 이화여자대학교 언어교육원 강사

이인경 전 이화여자대학교 언어교육원 전임강사

MP3 목차